dt

»Dieses Buch enthält persönliche Reiseaufzeichnungen, Gedanken, Erinnerungen und Abschweifungen«, erklärt Michael Kleeberg in seinem Libanesischen Reisetagebuch. Geführt hat er es während eines vierwöchigen Aufenthalts in Beirut, zu dem er im Rahmen der literarischen Begegnungsreihe »West-östlicher Diwan« Anfang 2003 eingeladen war. Durch Abbas Beydoun, einen der wichtigsten libanesischen Schriftsteller und zugleich Feuilletonchef der libanesischen Tageszeitung ›As-Safir‹, bekommt er Einblicke in das alltägliche, aber auch kulturelle und politische Leben in dieser »weißen Stadt« – »alles ist hier Spiel von Licht und Schatten«. Er führt Gespräche über den Islam, den Westen, über Literatur und Film. Zwei Frauen erzählen ihm, wie sie im Bürgerkrieg überlebt haben. Und das Tal des Adonis tut sich auf. Kleeberg beschreibt aber auch ganz anschaulich und sinnlich Mahlzeiten und Speisen, duftend nach tausend Gewürzen von Kreuzkümmel bis Kardamon. Und voller Humor erzählt er von sich, seiner Tochter, seiner Arbeit und den vielen Katzen in Beirut.

*Michael Kleeberg,* geboren 1959 in Stuttgart, wuchs in Böblingen und Hamburg auf. Er lebte in Rom und Amsterdam und von 1986 bis 1999 in Paris. Heute arbeitet er als Schriftsteller und Übersetzer (u.a. von Marcel Proust) in Berlin.

Michael Kleeberg

# Das Tier, das weint

## Libanesisches Reisetagebuch

Deutscher Taschenbuch Verlag

Von Michael Kleeberg
sind im Deutschen Taschenbuch Verlag erschienen:
Barfuß (12357)
Ein Garten im Norden (12890)
Der Kommunist vom Montmartre (12938)
Proteus der Pilger (13034)
Der König von Korsika (13102)
Der saubere Tod (13378)

Dieses Buch enthält persönliche Reiseaufzeichnungen, Gedanken, Erinnerungen und Abschweifungen. Es erhebt keinen Anspruch darauf, Unbekanntes oder Relevantes über den Libanon oder die Region des Nahen Ostens mitzuteilen.

Oktober 2007

www.dtv.de
Erstveröffentlichung: Deutsche Verlags-Anstalt, München
Verlagsgruppe Randomhaus GmbH, 2004
Umschlagkonzept: Balk & Brumshagen
Umschlagfoto: Corbis/Gérard Degeorge
Satz: Boer Verlagsservice, München
Druck und Bindung: Druckerei C. H. Beck, Nördlingen
Gedruckt auf säurefreiem, chlorfrei gebleichtem Papier
Printed in Germany · ISBN 978-3-423-13601-3

*Für Petra und Paula*

Ich bin nicht mehr meines Lebens Gärtner,
ich überlasse es jetzt den eiligen Gästen
und den Freunden, die es sich durch
ihren Verrat verdienten.

*Abbas Beydoun,*
*aus dem Gedicht »Zimmer«,*
*übersetzt von Stefan Weidner*

La realité est un terrain mouvant.

*Rachid Daif*

Si vous ne m'aimez pas, sachez que je
ne vous aime pas non plus!

*Maurice Pialat*

Mosaikpixel, Bild- und Tonscherben, Zeitsedimente. In diesem geschichtsgesättigten Boden wird jede Grabung auf einen Fund stoßen: Müllsäcke von gestern, königliche Sarkophage von vor dreitausend Jahren, Skelette aller Epochen. Tief ist der Brunnen der Vergangenheit, aber sofern die Zisterne noch Wasser führt, sieht der zage Blick hinein und hinab das eigene Spiegelbild, verschwommen und fratzenhaft, dennoch gewissermaßen ein Trost: ein alter Bekannter.

*

**Bereits im Flug nach Frankfurt** wird das übliche Rumoren meiner Flugangst und der dazugehörigen Versuche, umherblickend Gründe zu finden, die das Schicksal gnädig stimmen könnten (viele Kinder an Bord), oder Dinge, die im Moment der Katastrophe sich als hilfreich erweisen mögen (feuerabweisende Decken), übertönt vom weißen Rauschen der Furcht vor Al-Qaida-Terroristen.

Mein mißtrauisch diskretes Spähen nach Verdächtigen konzentriert sich auf meinen Sitznachbarn, einen unauffälligen jungen Mann (das war Mohammed Atta auch) mit den bedenklichen Attributen Taucheruhr und Siegelring. Seine Hautfarbe bezeichnet ein rassistischer französischer Ausdruck als *basané*; das faßt alles, was irgendwie sonnengebräunt und gegerbt wirkt, von Südeuropäern über Zigeuner und Nordafrikaner bis hin zu Arabern.

Ich überlege, ob ich mich heldenhaft verhalten und, falls er versucht aufzustehen, verhindern soll, daß er an mir vorbei von seinem Fensterplatz in den Gang kommt, um von dort aus mit seinen Handgranaten das Cockpit zu stürmen.

Nach einiger Zeit entziffern meine zu ihm hinschielenden Augen sein Flugticket: Auch er reist nach Beirut, woraus ich schließe, daß er zumindest nicht vorhaben kann, schon diese Maschine zu entführen, es sei denn, seine Tarnung reicht bis zu ostentativer Geldverschwendung.

In der Entspannung, die bei allen Passagieren immer nach der Landung eintritt, kommen wir ins Gespräch, und es erweist sich rasch, daß er kein Terrorist ist, sondern eine Klette, die bis zum Einstieg in den anderen Flieger nicht mehr von uns weicht, uns unnötigerweise bei der Suche nach dem richtigen Gate assistiert, mit uns zusammen Kaffee trinkt, uns zu seiner bevorstehenden Hochzeit einlädt und fragt, ob wir schon wüßten, wie wir in Beirut vom Flughafen in die Stadt kommen. Ein Stenz, harmlos, freundlich und offenherzig. Doch mein Mißtrauen will keinen unrühmlichen Abtritt, und ich bleibe wortkarg und halte Abstand.

Das Flugzeug nach Beirut ist so voll von Terroristengesichtern – aus jeder zweiten Reihe sehen mich die orientalisch schwarzen, ausdruckslosen Augen Osama Bin Ladens an –, daß meine gesamte, ohnehin von der späten Uhrzeit und der normalen Flugangst geschwächte Energie binnen kürzester Zeit aufgezehrt ist. Es strengt an, jedesmal zusammenzuzucken, wenn einer aufsteht, um zur Toilette zu gehen, in den Gesten zu lesen, auf ein koordiniertes Vorgehen mehrerer dieser Männer zu achten.

Ich versuche, meine Sterbensängste mit der logischen Überlegung zu besänftigen, all diese Terroristen würden doch wohl nicht auch noch in die Häuser einer der eigenen Städte stürzen wollen. Zwei Reihen vor mir sitzt auf der anderen Seite des Gangs eine junge Frau mit Kopftuch. Eine schwangere Frau – für mich nicht wie sonst seit Paulas Geburt ein entzückender, rührender Anblick, nein, ich sehe eine Selbstmord-Attentäterin mit einem als schwangeren Bauch getarnten Sprengstoffgürtel um den Leib, starre voller Angst und Abscheu auf ihren Nacken und frage mich, wie ich sie enttarnen soll. Die bildliche Vorstellung davon, wie ich es tue, bewirkt aber, daß ich beginne, mich meiner Phantasien zu schämen. Die Müdigkeit macht mich fatalistisch. Nicke öfters ein, schrecke dann wieder auf, gewissermaßen empört über mich selbst, über meinen Körper, der nicht auf dem *qui vive* bleiben will, der sich weniger sorgt als ich.

Nach außen dringt, glaube ich (aber man täuscht sich da leicht) nichts von alledem. Meine feuchte Handfläche bemerkt außer Petra, in deren trockene sie sich bei Start und Landung krampft, keiner, er sähe denn die Schweißspuren auf den Plastikarmlehnen. Paula, die mittlerweile schläft, hat mich zu Haltung gezwungen: Was für ein Beispiel wäre ein Vater, der nicht wagt, sich zur Seite zu lehnen, aus Angst, das Flugzeug schmierte dann sogleich über den Flügel ab, für eine knapp Dreijährige, die sich entspannt in ihrem im Nichts aufgehängten Sitz kuschelt und gut gelaunt aus dem Fenster in den Abgrund blickt?

In den Momenten zwischen Wachen und Schlafen nach dreieinhalb Stunden Flug, in denen ich nicht mehr ernsthaft an eine Katastrophe glaube, interpretiere ich den Kloß im Magen zunehmend als erwartungsvolles Lampenfieber vor dem Wechsel ins Fremde.

*

**Begonnen hat alles** mit der Einladung zu einem Projekt namens West-östlicher Divan. Ein arabischer Autor verbringt einige Wochen in Berlin und wird dort von einem deutschen an die Hand genommen, dann folgt der Gegenbesuch, zu dem ich jetzt aufbreche. Der Anklang an den Goetheschen Gedichtzyklus, den ich immer geliebt habe, dieses Manifest der *convivialité*, der geistvollen Geselligkeit, diese Evokation einer gemeinsamen Tafel für Menschen und Götter verschiedener Epochen, macht mir sogleich Lust zur Teilnahme, obwohl oder weil ich weder den Nahen Osten noch die arabischen Länder oder die islamische Kultur kenne.

Meine einzige Bedingung ist, nicht mit einem Araber zusammengekoppelt zu werden, dessen *ceterum censeo* »Tod den Juden« lautet. Da, sage ich, hört mein Wille zur Kommunikation auf.

Aber ich habe Glück, viel Glück. Der Mann, mit dem ich gemeinsame Wochen in Berlin und Beirut verbringen soll, heißt Abbas Beydoun. Als Lyriker benötigt er wie jeder arabische Autor einen Brotberuf, die meisten von ihnen sind Dozenten oder Journalisten. Abbas ist verantwortlich für die Kulturseiten der linken Beiruter Tageszeitung *As-Safir*.

Seine politischen Essays, in deutschen Blättern nachgedruckt, sprechen eine klare Sprache: demokratisch, laizistisch, bar jedes Fanatismus, in europäischer Kultur beschlagen, aber weder europahörig noch eurozentrisch.

Als Dichter gleicht er eher Celan als Orpheus. Einmal, anläßlich eines von viel Musik begleiteten und popularisierten Poesiefestivals, sagt er, die Lyrik sei die fragilste, die leiseste aller Künste. Sie könne nur verlieren, wenn sie neben anderen, eingängigeren stehe.

Rasch, mit den ersten Bildern, muß ein Gedicht meine Synapsen aktivieren und mir Raum für Entdeckungen und Erinnerungen schaffen, sonst lege ich es beiseite. Die Sprachbilder von Abbas sind Köder, nach denen ich neugierig schnappe, und mit einem kurzen Ruck seiner Syntax hat er mich am Haken, um mich nicht mehr freizugeben.

Im Laufe unserer Bekanntschaft erkenne ich bald, daß ich mit meiner Bewunderung für seine Fähigkeiten keine Pionierleistung vollbringe. Vielmehr werde ich Zeuge, wie die Anerkennung, die ihm zuteil wird, immer weitere Kreise zieht, weit über die arabische Welt und die an ihr interessierten Europäer hinaus.

Abbas Beydoun, 1945 in Sur geboren, der alten phönizischen Hauptstadt Tyrus, aus schiitischer Familie stammend, hat im Gefängnis gesessen, zweimal, eingesperrt aus politischen Gründen von seinen Landsleuten und als Libanese von der israelischen Besatzungsarmee. Er hat, ähnlich unserer hiesigen 68er-Generation, einmal die Literatur der Politik untergeordnet, doch hat er sie dabei weder verraten noch verkauft und daher seine künstlerischen Kräfte nicht verloren.

Schon bei der ersten Begegnung ist klar: Wir werden uns verstehen.

Den Gruß des Unbekannten ehre ja!
Er sei dir wert als alten Freundes Gruß.
Nach wenig Worten sagt ihr Lebewohl!
Zum Osten du, er westwärts, Pfad an Pfad –
Kreuzt euer Weg nach vielen Jahren drauf
Sich unerwartet, ruft ihr freudig aus:
Er ist es! ja, da war's! als hätte nicht
So manche Tagefahrt zu Land und See,
So manche Sonnenkehr sich drein gelegt.
Nun tauschet War' um Ware, teilt Gewinn!
Ein alt Vertrauen wirke neuen Bund –
Der erste Gruß ist viele tausend wert,
Drum grüße freundlich jeden, der begrüßt.

Im Geiste des Goetheschen *Divan* begreife ich das »An die Hand nehmen« als ein gemeinsames Heiligen des Alltags: zusammen essen, spazierengehen, plaudern, lachen, schweigen, zuhören, beobachten. Wir durchstreifen das herbstliche Berlin, zugleich das von 1933 oder 1945 und das des achtzehnten Jahrhunderts. Wir sind aber auch im südlibanesischen Hügelland der fünfziger Jahre und im Schönbuch der späten sechziger, ebenso wie im umkämpften Beirut und im geschäftigen Hamburg der achtziger. Und vor dem Französischen Dom erinnern wir uns beide an die Zuflucht Paris, wo jeder von uns gelebt hat.

Ich werde Zeuge, wie Orte und Begegnungen dem Sensorium des Dichters Material liefern für das lyrische Berliner Tagebuch, das den literarischen Ertrag seines Aufenthalts in Deutschland bilden wird.

Nicht nur erkennt man einen Menschen, wenn man mit ihm ißt, auch Freundschaften entstehen am gedeckten

Tisch. Zwischen Abbas und Paula herrscht Liebe auf den ersten Blick. Zur Taufe schenkt er ihr eine Diddlmaus.

Im Kreis der deutschen Islamwissenschaftler und Orientalisten, der Bikulturellen und Surfer zwischen Morgen- und Abendland, macht meine proisraelische Grundhaltung Sorgen. Wie ein Kind, das noch immer glaubt, die Erde sei ein großer Pfannkuchen, über den ein Himmelszelt mit wer weiß wie vielen Sternlein gespannt ist, versucht man mich aufzuklären, behutsam, damit ich nicht erschrecke, aber doch beseelt von pädagogischem Eros, der mir den Gedanken austreiben will, man müsse nicht wählen zwischen Israel und der arabischen Welt, von der alle, die dort gelebt haben, mit einer Sehnsucht sprechen, als hätten sie die Äpfel des Paradieses gekostet.

Ich versuche, deutlich zu machen, welche Bilder in meinem Kopf verankert sind: Seit dem Kindergarten, lange vor Ilias und Odyssee, den Geschichten aus 1001 Nacht und den Heldensagen, zugleich mit Grimms Märchen: das Alte Testament als unsere Ursprungsgeschichte. Adam und Eva, Noah, Abraham, Jakob, Moses, David, Salomo. Dann Jesus, und mit ihm macht unsere mythische Theologie einen Sprung nach Europa, wo sich von nun an alles abspielt, bis zum heutigen Tag.

Verstehen Sie, was ich meine? frage ich. Mag sein, daß die Israelis mit Mythen Schindluder treiben, um ein Stück Land zu usurpieren, das ihnen nicht gehört, aber diese Mythen sind genau die, die auch in mir stecken. Und zwar in einer Tiefe, an die kein rationales Argumentieren heranreicht.

Eines Abends in einem Restaurant im Brachland der Berliner Mitte schlägt die Diskussion Wellen. Dreimal hintereinander höre ich vom Ende des Tisches immer verbitterter das Wort »die Israelis«, jemand antwortet in gereiztem Ton, dann wieder die erste Stimme: »Die Juden ...«

Dann fange ich einen anderen Gesprächsfetzen auf: »Die Lehre aus unserer deutschen Geschichte muß doch sein, daß wir gegen Unrecht, wo immer es auch ... und die gequälten Palästinenser ...«

Eine sanftere Stimme antwortet jemandem auf eine Frage, die ich nicht gehört habe: »Schon, aber müssen die Araber denn ebenfalls noch unter unserem Holocaust leiden, indem man nun ihnen, die nichts für das Schicksal der Juden können, ihr Land wegnimmt?«

Schließlich richten sich die Augen von zwei oder drei der erschöpften Diskutanten auf Abbas, als erwarteten sie von ihm, daß er den gordischen Knoten durchschlägt.

Doch der meint, den Blick auf sein Weinglas gerichtet, während man ihm die Frage übersetzt, schließlich nur: »Die Vergangenheit ist die Vergangenheit, heute ist heute.«

Beim Abschied wünscht man mir alles Gute für die bevorstehende Reise. Jemand hebt warnend den Finger und fügt hinzu: Aber glauben Sie nicht, Sie hätten den Orient gesehen, weil Sie im Libanon waren, das ist nicht dasselbe!

*

**Kurz vor der Landung** blicke ich durchs Fenster und sehe auf dem schwarzen Samtkissen der Nacht unzählige Diamantsplitter funkeln. Oder ist es, denke ich, während das Flugzeug hinabsinkt, ein von hundert Nadelstichen durchbohrter, den Zuschauerraum begrenzender Theatervorhang, hinter dem gleißendes Licht herrschen muß? Was verbirgt er, was werde ich sehen, wenn er sich öffnet?

Jesu Zuflucht in Sidon und Tyrus, denen er prophezeite, es werde ihnen erträglicher ergehen am Tag des Gerichts als den Städten seiner Heimat? Zu Sand, zu Geröll, zu Hügeln am Meeresufer versteinte und aufgetürmte Purpurschnekken, die Müllberge der Tage, als das phönizische Weltreich, mit der Königsfarbe handelnd, das Mittelmeer beherrschte? Zeit, Berge von Zeit, Himmel voller Urzeit, Wiege der Kultur und der Weisheit? In meinem Ohr hallt der Satz wider, den ich in Berlin aus dem Mund eines Syrers hörte: Die heutige arabische Welt? Fäulnis und Stillstand. Fäulnis und Stillstand ... Sanft wie ein fliegender Teppich setzt die Maschine auf dem Rollfeld des Beirut International Airport auf.

Der Buggy wartet anstandslos am Ausgang der Schleuse, die schlafende Paula kann umgebettet werden. Das große Flughafengebäude, leer, mit nackten Betonwänden, könnte überall stehen. Präsenz von Soldaten mit MP und anderen Uniformierten. Wir müssen zunächst an einem Extraschalter Visa kaufen, reihen uns dann in die endlose Schlange zur Paßkontrolle für Europäer ein. Die bewußte, provokante Langsamkeit der kontrollierenden Soldaten (die ein Schwätzchen halten mit Kollegen, die Pässe in Zeitlupe durchblättern, sie anstarren wie Analphabeten) erinnert mich an die alten DDR-Grenzer und weckt die gleichen aggressiv-hilflosen Gefühle. Danach hat es doch nur eine Viertelstunde gedauert.

Wir fahren mit offenen Fenstern, die linde Nachtluft, mediterran, versöhnt mich mit allem, was noch kommen wird. Bei unserer Abreise in Berlin zeigte das Thermometer zwölf Grad unter Null.

Bei jeder Rückkehr in Mittelmeerländer fühle ich mich wie jemand, der sein Leben lang Filzkleidung getragen hat und nun zum ersten Mal in ein Seidengewand schlüpft.

Am Ende des Flughafengeländes passiert das Taxi die erste von zahllosen Armeekontrollen. Die Durchfahrtsbreite ist von rotweiß geringelten Benzintonnen auf zweieinhalb Meter begrenzt, Wachtposten, die MP über der Schulter, treten zwei Schritte vor. Unser Fahrer läßt den Wagen ausrollen, das Fenster hinabgleiten, knipst die Innenbeleuchtung an, hält sein Gesicht ins Licht. Eine lässige Handbewegung des Soldaten, Durchfahrt, eine Dankesgeste des Fahrers, Beschleunigung.

Wir befinden uns auf einer hellerleuchteten, sechsspurigen Stadtautobahn, links und rechts Blitzlichtaufnahmen anarchischen Hochhausbauens, Betongerippe, schwarze Fensterlöcher, zuckende grüne Leuchtreklamen. Wir rasen durch eine Schneise in dem steinernen Wildwuchs. Nachdem wir die Autobahn verlassen haben, im Labyrinth der Stadt mäandern, links abbiegen, dann rechts, dann wieder links, Einbahnstraßen in Gegenrichtung fahren, verliere ich die Orientierung.

Gegen drei Uhr finden wir Schlaf. Ich suche ein Wort, das diesen Gerüchen, dieser Luft, diesen ersten Anblicken gerecht wird, dem nächtlichen, dem Klang einer gestopften Trompete gleichenden Rumoren der lebendigen Stadt, dem kleinen Stückchen kolonialem Empire, das die arabische Belegschaft des Hotels Mayflower mit würdig gezügelter Komödiantenlust und *stiff upper lip* spielt; »*Good evening, Mister Michael*«, sagt der Nachtportier mit dem weißen Menjoubärtchen nach zwei Tagen freundlich, und wenn er vormittags arbeitet: »*Good morning, Mister Michael, I hope you had a good night*«. Statt der Schleiflackoberflächen deutscher Hotels, an die man sich resigniert gewöhnt hat, liegt hier die Patina der Zeit und des Südens auf Wänden, Möbeln und Teppichen. Ich suche nach einem Wort, das diesen noch vagen Eindruck von Gegenwartsprovisorium auf saturnisch schweren Vergangenheitsfundamenten faßt. Dann fällt es mir ein: *Levante*.

*

**Erster Morgen auf dem Balkon**: wolkenloser, blauer Mittelmeerhimmel, Sonnenschein, von den hellen Fassaden blendend zurückgeworfen, so daß ich, im Schlafanzug auf dem staubigen Plastikstuhl eine erste genußvolle Morgenzigarette rauchend, meine Sonnenbrille anziehen muß, um auf das gegenüberliegende Haus blicken zu können. Schon jetzt, gegen zehn Uhr, muß es über zwanzig Grad warm sein. Die Luft mild, schmeichelnd, balsamisch, abgasgeschwängert, dazu von unten herauf die Geräuschkulisse aus Gehupe, Geknatter und Geschrei, woran bin ich erinnert: an meine Ankunft in Rom, fast auf den Tag genau vor zwanzig Jahren. Es ist aber bei genauerem Nachdenken weniger das Fremde und Duftende, das Getöse und die Wärme und die Farben, das ansteckend-hektische Leben, das auf der Straße stattfindet, als eine Haltung, eine Einstellung, die mir dieses Déjà-vécu-Gefühl gibt: Es ist die ungeheuer produktive Illusion, mit dem Wechsel des Lebensraums ein neuer Mensch geworden zu sein, der von vorn beginnen kann, ohne die Altlasten seines bisherigen Lebens, und das heißt vor allem: zuversichtlich, ohne Mißtrauen, ohne den über Jahre gesammelten Haß und die Verachtung, all die gestaute Aggressivität, die man fälschlicherweise, wie sich jetzt herausstellt, für seinen stärksten Lebenstrieb gehalten hat, erwartungsvoll, mit neuen, nicht abgewetzten, scharfen Sinnen, an allem interessiert, gegen nichts blasiert, willig geneigt, dem Fremden als einem anderen mit alldem Wohlwollen und der Offenheit zu begegnen, die man zu Hause für das Gleiche, das man jedoch zu kennen glaubt, nicht mehr aufbringen mag. Es heißt auch: befreit, weil anonym, sich fühlend wie ein gereinigtes Palimpsest. In der Fremde ist kein Besitzstand zu wahren, niemandem muß ich die tragikomische Rolle meiner selbst vorspielen; kein Gesicht, in das ich blicken werde, hat mich je enttäuscht.

Damals im Februar 1983 kam ich mit einer Reisetasche und 250 Mark in Rom an und hatte nur diese Adresse an der Piazza Vittorio Emanuele, die Wohnung des Bekannten eines Bekannten. Dort konnte ich drei Wochen bleiben; bis dahin mußte ich einen Gelderwerb und eine Unterkunft gefunden haben.

Ich erinnere mich, wie ich am ersten Tag gegenüber dem Mietshaus in der schattigen Seitenstraße ein Friseurgeschäft betrat und nach der zauberischen Behandlung (das Stakkatoknipsen und Klappern der rasant bedienten Schere um meine Ohrmuschel herum) als ein neuer Mensch den Laden verließ, um noch fast eine Minute vor dem Spiegel in seinem Schaufenster zu verweilen: So schön hatte ich mich nie zuvor empfunden (und nie mehr seither). Ganz Deutschland (mein muffig friedensbewegt-studentisches von 1983) lag mit den dicken schwarzbraunen Strähnen auf den marmorierten Fliesen und wurde von einem trägen Mädchen aus dem Süden in hellblauem Nylonkittel und klappernden Schollsandalen weggefegt.

Ich erinnere mich an einen heißen Tag gegen Ende der ersten Woche, als wir zum Abschluß des täglichen Sprachkurses im kleinen Saal der Schule eine flimmernde alte Kopie (das Schnurren des Projektionsapparates) von De Sicas »Ladri di biciclettti« sahen und wie ich dann hinaus in die Spätnachmittagshitze auf den Platz vor dem Bahnhof Termini trat. Der römische Moment, Reklameschilder, Taxis, die Sonne widerspiegelnder Autolack, Rufe, Menschenströme aus der Bahnhofshalle hinaus und in sie hinein, Vespageknatter, in der Sonne schmelzende Druckerschwärze auf dem *Messaggero*, gelbes Papier des *Corriere dello Sport*, blitzte auf als Lebensgegenwart des Films, und De Sicas überbelichtete Elendsszenen aus den *borgate* der vierziger Jahre verliehen dem unübersichtlichen Chaos des Jetzt Tiefenschärfe, indem sie es um eine Dimension bereicherten: die der Zeit. Plötzlich *sah* ich vierdimensional, und der Augenblick formte sich zu einer einzigen großen Logik: das Leben, ein Atom, und ich darin, ein Teilchen auf seiner unbestimmbaren Bahn.

Damals war ich ganz Hoffnung, ganz Zuversicht, ganz ungebrochener Glaube an mich und meinen Stern. Heute reise ich mit dem Flugzeug und der Visakarte, habe Frau und Kind, steige in einer vom Goethe-Institut bezahlten Hotelsuite ab, bin um tausend Desillusionen und neue Illusionen reicher. Damals wollte ich fort, für mindestens ein Jahr (welch unüberschaubare Zeitspanne), heute fahre ich nur auf Besuch für drei Wochen, dennoch entdecke ich in mir jene empfängliche, freudige Zuversicht von damals wieder. Ich bin noch fast derselbe oder kann es doch offenbar immer wieder werden.

*

**Es ist eine weiße Stadt**. Mehr als die tatsächlichen Farbtöne (alle Graustufen, Ocker, Sand, Lehm, Rosa, bläuliche und grünliche Pigmente), mehr auch als die jeweiligen Oberflächen (Putz, Kalkstein, Beton oder Marmor) ist es das reflektierte Sonnenlicht, das diesen Eindruck vermittelt. Alles ist hier Spiel von Licht und Schatten, Hell und Dunkel, weshalb ich derartige Orte auch im Kopfkino nur als Schwarzweißfilme erinnere.

Eine Stadt, ganz ähnlich anmutend wie »die weiße Stadt« aus meinen erotischen Tagträumen als Siebzehn-, Achtzehnjähriger, die eine Art an den Rändern unscharf werdendes und ausfransendes Algier war. (Warum Algier? Reminiszenz an »Pépé le Moko«? Aber in meinen Träumen handelte es sich um eine moderne Stadt wie die, die ich hier vom Balkon aus sehe, und deren besondere Atmosphäre ich nur einmal im Kino nachempfunden fand, in einem der Filme, die Alain Tanner Myriam Mézières auf den Körper schrieb, den vor Sinnlichkeit bebenden: »Une flamme dans mon cœur«.)

Dieser Wachtraum bestand aus der immergleichen Szene. Ich folge in einigem Abstand einer Frau durch die zwischen grellem weißem Licht und Schlagschatten liegenden Straßen und Gassen eines Arbeiterviertels, das ich nicht kenne (die Frau kenne ich auch nicht), dann durch ein Hoftor in ein Mietshaus, durch den düster schmuddligen Innenhof in einen Treppenaufgang und in diesem die Stockwerke hinauf, abblätternder Putz, Stockflecken, nie weniger als vier Etagen, manchmal sechs oder sieben.

Interessant machten dieses Szenario die Variablen: unsere Kleidung, unser Zivilisationszustand (sind wir verkommen, schick, beschuht), sind wir beide unbekannt in der Stadt, oder bin es nur ich, oder gehören wir beide zur Fauna der Kasbah? Mit welchem Zeichen oder welchen Worten haben wir uns verständigt? Und worauf? Ist diese Treppe eine letzte Flucht oder ein Neuanfang? Oder ein wöchentliches oder tägliches Ritual? Wie weiblich (Kleid, Hose) ist sie? Wie männlich (Anzug, Kaftan) bin ich?

Die Konstanten interessieren mich heute mehr: daß die weiße Stadt dem weißen Fleck auf der Landkarte entspricht, ich also damals schon ahnte, daß es sich bei der Erotik immer wieder um Expeditionen ins Unbekannte handeln muß und nie um ein Einrichten im Vertrauten handeln kann. Die Situation der Fremdheit (Unbehaustheit) an sich, die ich hier als erotische Grundkonstellation festschrieb: der fremde Ort, die fremde Frau, das fremde Selbst, die Fremdheit als Erregung. Vertrautheit und Erotik schließen sich aus. Das Sichanheimgeben, Sichüberliefern, (wie fatalistisch »er« der fremden Frau auf dem Weg durch das »verrufene«, »gefährliche« Viertel folgt!). Schließlich etwas, das mir in den Tagen der Jugenderotik, wo alles nur darum ging, auf Treibsand sicheren Stand zu finden, auch noch nicht bewußt war: die Androgynität. Aber in dieser weißen Stadt, wo alles fremd, improvisiert, ohne feste Regeln abläuft, ist auch die Frage nach dem Changieren der sexuellen Identitäten eine, die in der Luft liegt.

*

**Auf den Flachdächern** wuchert das dürre Stechginsterdikkicht der terrestrischen Antennen, in alle Richtungen abstehende Spieße, Überschneidungen, Schraffuren, dazwischen ab und zu die kreisrunde (nur durch den insektenhaften Saugrüssel gestörte) Perfektion der Satellitenschüsseln.

Schlaff von den Antennen baumelnd, sich von den Brüstungen stürzend, die Wände hinabrankend wie Efeu: die zugehörigen Kabel und elektrischen Leitungen, zum Teil frei hängend an abenteuerlichen Steckverbindungen auf halber Höhe zwischen dem dritten und vierten Stock, gebündelt, an den Corniches entlanggeführt, in grob gebohrten Löchern im Haus verschwindend oder abzweigend, über die Straße hin gespannt oder weiter, diagonal am Haus entlang, bis unten, wo sich unter dem Vordach des Erdgeschosses ein Rattenkönig aus leise summenden Leitungen und porösen weißen Kabeln entlangschlingt, der, auch wenn er allen Vorstellungen von vorschriftsmäßiger Versorgung Hohn spricht, tut, was er soll: die Läden mit Licht und bunten TV-Bildern versorgen.

Der Panoramablick stößt gegen das alles überragende, nagelneue, dreißigstöckige Crowne Plaza an der Hamra mit seinen gigantischen Bullaugen der obersten Etage, hinter denen abends, sobald die Nacht niedergefallen ist auf die Stadt, Illuminationen von elektrischem Blau schimmern, die meine Phantasie zu amerikanischen Science-fiction-Träumen inspirieren. Der Schatten von Spiderman an der Fassade, King Kong auf dem Antennenmast, das durch die Dunkelheit huschende Bat-Signal. Ist es die Beleuchtung eines pharaonischen Pools? Einer heliogabalischen Diskothek? Ein Tabernakel des Gottes der Moderne?

Ich muß an Averroes denken, Ibn Ruschd, den großen in Córdoba geborenen Aristoteliker, und an jene Zwillingstürme auf der anderen Seite der Welt, die die Skyline von New York ebenso überragten wie dieser hier die vier- oder fünfstöckigen Gebäude des alten moslemischen Viertels Hamra.

Die Form zu zerstören, die doch im ewigen Stoff potentiell seit jeher existiert, der als Idee nichts anzuhaben ist und die, wie man hier sieht, überall sich rematerialisieren kann, ist selbst als symbolischer Akt philosophisch gesehen der reine Unfug.

Aber starb nicht auch Averroes schließlich als Ketzer und im Exil?

Eine südliche, nicht aber besonders arabisch oder gar moslemisch wirkende Stadt. Schon während der nächtlichen Taxifahrt fühlte ich mich eher an die Banlieu von Marseille erinnert. Kein Kulturschock, der Eindruck von *dépaysement* außerhalb Europas ist gar nicht zu vergleichen mit jenem epiphanischen ersten Blick auf die aus der Ebene wachsenden rosa Stadtmauern von Taroudant im Sonnenuntergang vor dem tintenblauen Himmel oder mit der Ankunft auf der Djemaa El Fna, damals im September 1987, wo kein okzidentales Bauwerk die Panik des Auges auffangen konnte.

*

**Ich betrete den kleinen** Zeitungs-, Buch-, Andenken- und Tabakladen gegenüber dem Hotel und will eine Lokalzeitung kaufen, in diesem Fall *L'Orient-Le Jour*, um mich besser in den Alltag der fremden Stadt einzufühlen. *A leading lebanese construction company requires a Chief Estimator. BS Eng., Min. 3 years experience in project estimation. Appartement 200 m², Dik el-Mehdi, 2 parkings, a/c, chauffage, vue panoramique, 115.000 $. Die Union der Behinderten des Libanon – laut UN-Zahlen sind zehn Prozent der Bevölkerung betroffen – beschwert sich bitter darüber, daß im Staatsbudget trotz entsprechender Gesetze die Behinderten nicht erwähnt* *werden. Im Tabaris in der Rue Sursock tritt auf: Samy Khayat, Stand-up Comedian. A model presents a glossy miniskirt and matching stockings with a short beige sweater as part of Lebanese fashion designer Georges Chakra's spring-summer 2003 haute couture fashion collection in Paris.*

In den deckenhohen Regalen stehen Secondhand-Taschenbücher, französisch und englisch, alte Folios, Livres de Poche und die pistazieneisgrünen Penguin Classics.

Es gibt auch Papier, Holzkästchen mit Intarsienschnitzereien und Ansichtskarten. Ich nehme die Zeitung entgegen, da fällt mir ein, daß ich noch kein Geld geholt habe. Der Inhaber, ein jovialer kleiner Levantiner, perfekt französisch sprechend (einer der wenigen hier in Westbeirut, die das noch tun), sagt mit wegwerfender Handbewegung: »*Allez, vous me payerez plus tard. Je vous fais confiance.*« (Ich vertraue Ihnen. Oder, genauer und schöner: Ich setze Vertrauen in Sie.) Nicht wissend oder doch wissend, daß dieser Satz für mich nicht nur verpflichtend ist, sondern mich im Handumdrehen zum Stammkunden macht, so daß ich denn auch über die gesamte Dauer des Aufenthaltes bei ihm Zeitung und Zigaretten sowie Malblock und Buntstifte (Faber-Castell) für Paula kaufe und den morgendlichen Plausch (wie geht's, wie wird das Wetter, wie wird der Tag, wir werden's nehmen, wie's kommt) halte, der für mich so essentiell zum Stadtleben dazugehört.

*

**Wir schieben den Buggy** die Rue Hamra bergab, die zentrale Ost-West-Achse von Westbeirut, die aber hier nach dreihundert Metern, jenseits der Rue Sadat, in jeder Hinsicht abfällt: topographisch zum Meer hin und urbanistisch, indem die Häuser niedriger, die Atmosphäre provinzieller, moslemischer wird und es keine Geschäfte mehr gibt, nur noch Kramläden. Vierzig, fünfzig Zentimeter hohe Bordsteinkanten, zugeparkte Trottoirs, zweireihig oder sogar dreireihig stehende, verkeilte Autos, im Nichts oder in Geröllhalden endende Gehwege. Nach einer Woche bin ich soweit, den Buggy mit Paula darin als Rammbock einsetzend, nur mehr auf der Straße zu gehen, was nie zu Problemen mit den Autofahrern führt. Am unteren Ende der Hamra im Halbkreis wieder aufwärts zur Rue Bliss. Zwischen den modernen Hochhäusern, »Residenzen« mit privatem Wachdienst, schlummern zwei verfallende osmanische Villen in staubigen Palmengärten. Ein paar Einschußlöcher in der einen, der Ruin der anderen hat rein immobilienspekulative Gründe. Das Herz des europäischen Denkmalschützers blutet, aber soviel Blut, wie es in der nächsten Zeit bräuchte, führt der ganze Körper nicht.

Nach dem ersten Besuch im Goethe-Institut und der Begrüßung durch Herrn Stehle, den Institutsleiter, Herrn Assaf, den Programmassistenten, und die Bibliotheksleiterin Frau Kassir, wobei eine alte, kleine, verhutzelt-bäuerlich-großmütterlich aussehende Frau uns den Kaffee mit Kardamomaroma und Kekse serviert, zieht es uns hinab zum Meer, das unterhalb von Baustellen und Brachen tiefblau leuchtet. Die Corniche ist vierspurig (der mittlere Grünstreifen mit Palmen, wie ich später erfahre, erst vor wenigen Monaten angelegt, Spende eines Emirats). Es herrscht Verkehr wie auf einer Stadtautobahn. Paula verlangt nach einem Spielplatz, wir haben Hunger, und, wie Abbas schon in Deutschland erzählte, Beirut besitzt nur zwei kleine Parks.

Das Ufer jenseits der Corniche ist teils militärisches Sperrgebiet, teils Privatgrund oder Schuttabladeplatz, aber immer abgezäunt. Neben dem Lunapark, weithin sichtbar durch das Riesenrad, führt ein Sträßchen auf eine vorgelagerte Halbinsel. Gleich wird eines der ersten Mißverständnisse beseitigt, die der westlich-deutsche Blick hervorruft: Grundstücke und Gebäude, die zunächst wirken wie Ruinen oder Baustellen, sind keineswegs *out of order*, sondern beherbergen Geschäfte, Restaurants, Kneipen, oft nicht die schlechtesten, oft sogar sehr beliebte. Wir sind nur der fehlenden Politur und Dekoration aufgesessen, so als könne man ein Auto, das keine Metalliclackierung hat, nicht mehr als ein Auto erkennen.

Am Ende eines Kiesparkplatzes finden wir ein Gartenlokal: Restaurant Raouda (Chatila Brothers). Ein Eingang mit Kolonnaden aus Beton, von winterlich nackten Ranken umwickelt. Rechts ein flaches Gebäude mit Dachterrasse, darin Küche, Ausschank, Getränkeautomat, Fernseher. Der Garten selbst, etwa fünfunddreißig Meter breit und fünfzig Meter tief, in zwei flachen, einstufigen Absätzen zum Meer hin abfallend. Links und rechts begrenzen hohe Mauern das Grundstück, geradeaus eine Art Laubengang oder überdachte Terrasse, wo man windgeschützt direkt über dem felsigen Ufer sitzt. Das aber ist nicht zugänglich. Ein Soldat mit MP patrouilliert dort, blickt ab und zu sehnsüchtig zum Café hoch. Überall kleinere Bäume und Büsche, Gartentische und Stühle aus weißem Plastik, teilweise mit Ranken und Zwischenmäuerchen voneinander getrennt, alles sehr weitläufig. Vom Gebäude bis zu uns siebzig Meter, die Kellner, ohne jede Eile, schlendern herum, etwas verloren (es gibt hier ungeheuer viele Leute, die einfach dastehen oder sitzen und warten, nichts zu tun zu haben scheinen, miteinander reden, sofern jemand zum Reden da ist, Luftlöcher starren, und im Gastgewerbe einen Überfluß an Kellnern, Oberkellnern, Hilfskellnern und sonstigen stets dienstbaren Geistern).

Ideal für Paula: eine Spiellandschaft aus Plastikhäuschen, drei Rutschbahnen, Wippen mit zerbrochenen Plastiksitzen und Schaukeln. Sand- und Kiesboden, unter manchen Tischen kleine bunte Fliesen, was etwas von einem antiken Mosaik hat; ohnehin erinnert das ganze Café an ein Ausgrabungsfeld. Paula ist selig, zieht immer weitere Kreise; wir sind selig über Wärme und Meeresbrise, blicken mit geschlossenen Augen in die sommerlich warme Sonne, in Abständen kommt eine Maschine im Landeanflug vorüber, und ich sehe mit dem gewohnten faszinierten Grauen zu.

Die Speisekarte ziert ein sepiabraunes Photo vom Beginn des Jahrhunderts: eine Ansicht des Hügels, den wir soeben vom Goethe-Institut herabgekommen sind, dominiert von dem schwarzweiß geringelten Leuchtturm und den beiden osmanischen Villen in ihren Parks. Bis auf ein Stückchen Fassade einer der Villen, ein rosiger Schimmer, ist von diesem Panorama aufgrund der Hochhauspalisaden nichts mehr übrig. Der alte Leuchtturm beim Institut verschwindet mittlerweile völlig hinter einem siebzehnstöckigen Rohbau. Später am Abend sehe ich den Lichtkegel, der sich absurderweise noch immer dreht und an der Rückfassade des Hochhauses bricht. Stehle erzählt, daß der Spekulant, als das aufzufallen begann, etwa auf Höhe der fünfzehnten Etage, um weiterbauen zu dürfen, versprach, kurzerhand unten am Meer einen neuen Leuchtturm hochzuziehen, dessen Richtfest gerade begangen wird.

Wir bestellen Mezze und Tee, bekommen zum ersten Mal die Karottenstäbchen mit dem einzigartig schmeckenden Zitronensaft darüber als Amuse-gueules.

Welche Freude, hier am ersten Tag in der fremden Stadt am Ende eines Gäßchens, das nach nichts aussah, als späte Nachfahren der Forschungsreisenden größerer Zeiten, diesen Ort entdeckt zu haben wie einen unbekannten Kontinent und ihm dadurch, auch wenn es sich, wie wir noch am selben Tag von Abbas erfahren, um ein erzbekanntes Etablissement handelt, seinen tieferen Existenzgrund geschenkt, ihn durch die Kraft unserer Sehnsucht neu erfunden zu haben.

Eine Zuflucht also, ein »Stammcafé« – *unse*r Café, so wie Verliebte sagen: *unser* Lied. Als Abbas uns vor der Qualität der Mezze hier warnt, bin ich fast chauvinistisch beleidigt. Und ebensowenig, wie der verlassene Liebhaber *unser Lied* nicht mehr ertragen kann, vermag ich, nachdem meine Familie wieder fort ist, nicht noch einmal die Schwelle des Raouda, wo wir einfach glücklich waren, zu überschreiten.

*

**Auf dem Weg zu Abbas** wagen wir die erste Taxifahrt in einem der verschlissenen, durchgesessenen, quietschenden Mercedesse aus den Siebzigern. In das großporige graue Plastik über dem Armaturenbrett hat sich der Staub der Jahrzehnte gefressen. Die ehemals weißen Sonnenblenden sind gelb, mürbe, rissig, und bröckeliger Schaumstoff rieselt aus ihnen auf den Wagenboden. Als der Fahrer seinen Untersatz die Steigung nach Raouda hinaufpeitscht, beklagt der geschundene Motor sich mit dem gleichen röhrenden, röchelnden Blöken, wie es einige Tage später ein altes Kamel von sich gibt, das, die Touristen auf dem Rücken, sich aufrichten muß. Die Chromzierleisten an den Türverkleidungen, die nur noch an einer Niete hängen, zittern im Takt der Vibrationen. Der Fahrer deutet auf die Windschutzscheibe in Höhe des Rückspiegels und gibt sich als ökumenischen Menschen zu erkennen. Er ist Moslem, wie ein schön kalligraphierter Spruch beweist, der dort klebt, daneben aber baumelt aus Respekt gegenüber seiner Frau, deren hinter der Sonnenblende steckendes Photo er uns zeigt, eine kleine Plastikmadonna. Wir nennen, wie man uns geraten hat, nicht eine Straße, sondern ein Viertel bzw. darin einen allgemein bekannten Ort, in diesem Fall die Zeitung *As-Safir*.

Die Redaktion befindet sich in einer fünfzig Meter langen, mit einem Schlagbaum abgesperrten Straße, in einem eingerüsteten, planenverhängten Gebäude. Vor dem Eingang parkt der schwarze Lincoln Continental des Eigentümers. Typische internationale Redaktionsatmosphäre aus kaltem Rauch, Telefongeklingel, Unaufgeräumtheit, hin- und herirrenden Boten, Papierstapeln, dazu noch die Maler. Abbas' Büro voller redender Leute, warme Begrüßung, als hätten wir uns gestern getrennt. Paula und Abbas zeigen die schon gewohnte zärtliche Freude beim Wiedersehen. Sofort werden Kaffee, Mineralwasser und der frisch gepreßte Orangensaft gebracht, den wir auch schon im Hotel genossen und der hier mehr getrunken wird als amerikanische Limonaden.

Hier ist ein anderer Abbas als der, den ich in Berlin kennengelernt habe: nicht der träumende Poet im Elend, sondern ein konzentrierter Blattmacher, nicht der müßige Flaneur mit den offenen Augen, sondern ein Arbeitstier inmitten von Papierbergen, nicht der konziliante, zurückhaltende Gast, sondern ein Chef, mit knappen Handbewegungen, der klare Anweisungen erteilt. Eine Autorität. Ein Profi.

*

**Das erste sind seine Augen**: Es kommt ein Augenpaar ins Zimmer, das von einem Menschen umgeben ist, nicht ein Fremder mit einem Gesicht, das irgendwelche Merkmale hat, auf die man nach und nach aufmerksam würde. Zwei dunkle Brunnen, Zisternen, Quellen eher, aber nicht pechschwarz wie bei Picasso, sondern ein warmes dunkles Braun, umgeben von einem Strahlenkranz von Lachfältchen, dem die sorgenvollen Stirnfalten, die schweren, traurigen braunen Lider und die Tränensäcke der Erfahrung gegensteuern, um den Eindruck eines leichtfertig fröhlichen Mannes zu verhindern. Die Kombination aus widersprüchlichen Falten und dunklen Höhlen, in denen ebenso dunkle Augen sitzen, die dadurch größer wirken, als sie sind, interpretiere ich als Humor und Melancholie, und beides zusammen ergibt Selbstironie. Wie er auf mich zukommt (wir kennen einander nur von Photos), die Hand ausstreckt, meine nimmt, seine linke behutsam darüberlegt, wie um die meine zu beschirmen, ist klar und entschieden, daß wir uns mögen werden. Seine große gebogene Nase gibt seiner Erscheinung etwas Aristokratisches, Dynastisches. Dagegen argumentiert der fehlende Hinterkopf: Der kahle Schädel fällt dort, wo man eine Wölbung erwartet, als gekerbte Steilwand direkt in den Nacken ab, was mit dem darum geschlungenen Haarkranz ein wenig an eine Clownsmaske zum Überstreifen erinnert. Eine Mischung aus *clown blanc* und *Auguste*. Der Pfeffer-und-Salz-Schnurrbart wirkt, wenn Abbas müde ist, bäuerlich, wenn er seinen braunen Borsalino trägt oder doziert, verleiht er ihm jedoch das Aussehen eines alten spanischen Granden oder mittelamerikanischen Gouverneurs. Er lacht gerne und viel, dann scheint das Strahlen eher von den Krähenfüßen als von den Augen selbst zu kommen, die melancholisch-verschattet bleiben. Die Augen können auch maliziös funkeln, ein wenig diabolisch, ohne dabei unheimlich zu sein, eher Schachtelteufel als Satan. *Malin* ist das passende französische Wort. Die stark und schwarzbehaarten, recht kleinen Hände empfinde ich als väterlich-zärtlich (eine Assoziation wegen der behaarten meines Vaters – die Hände von Abbas werden jedoch nicht zum Schlagen erhoben, sondern nur, flatternd, gleitend, sich öffnend und schließend, trommelnd, kratzend, stützend, zum Gestikulieren). Die Fingernägel kurz, spatelförmig, nicht abgekaut, aber gerade geschnitten wie Fußnägel, manchmal mit einem feinen schwarzen Rand, ein deutliches Zeichen für den Junggesellen. Frauen, mit denen man lebt, weisen einen sofort auf dergleichen hin, so daß man nicht, was typisch für Männer wäre, auf den Gedanken kommen kann, der Rand gehöre zu einem wie Pigmente oder Leberflecke, und daher vergessen, ihn zu entfernen. Die Ohren sind groß und wohlgeformt, aber weder sie noch der Mund (obwohl vielbenutzt, da Abbas zum ausschweifenden Erklären und Dozieren neigt) sind das Entscheidende im Gepräge dieses Gesichts, sondern die Augen, auch wenn sie oft, selbst geöffnet, zu schlummern, zu träumen, in ein Jenseits zu blicken scheinen.

Im Gespräch fügt er häufig, erläutert er einen Gedanken oder ein Gefühl, macht er einen Vergleich, bringt er eine

Meinung vor, die Wendung hinzu: *s'il est possible,* anstatt, was auf französisch gängiger wäre: *pour ainsi dire* (sozusagen). Er sagt auch nicht: *s'il est possible de dire ainsi* (wenn es denn möglich ist, das so auszudrücken), sondern nur: wenn es denn möglich ist. Das entfernt die Formulierung von ihrer floskelhaften Banalität und verleiht jedem Gedanken, den er so beendet, eine Art über sich selbst erstaunten, sich selbst, aber auch die Realität in Frage stellenden Vorbehaltes oder besser eine nachträgliche Relativierung. Es ist auch ein Zeichen seiner Diskretion und Bescheidenheit, das heißt seiner Art, nicht besserwissen, beharren zu wollen, seine Aussagen durch dieses »wenn es denn möglich ist« einzuschränken bzw. in die Anführungsstriche der Herzenshöflichkeit zu setzen. Zugleich auch das Erstaunen und die Vorsicht des Sprachkünstlers, des Lyrikers gegenüber der Wirklichkeit im Sinne von: was es nicht alles gibt, oder: was nicht alles, entgegen jeglicher Logik oder Erwartung, tatsächlich möglich ist. Denn nichts anderes drückt dieses »wenn es denn möglich ist« aus, als: Natürlich ist es möglich.

Eine weitere, oft als einzige Antwort gebrauchte Wendung: *Je comprends.* Hier macht die unterschiedliche Modulierung den jeweiligen Sinn jenseits des »Ich verstehe« deutlich: Das macht nichts, Das ist mir egal, Ich habe Verständnis dafür, Ich habe kein Verständnis dafür, Ich bin enttäuscht, Ich kann es nachfühlen, Ich begreife es, Ich verstehe nicht, was du meinst, mache mir aber meine Gedanken darüber, Ich habe kapiert, du mußt nicht weiterreden, Schon gut, wir müssen nicht über mich sprechen, das spielt keine Rolle, Ich muß eine Weile darüber nachdenken, um zu einem Schluß zu kommen über das, was du sagst, und eine Antwort darauf zu finden etc. Die Zeit, die sein Gegenüber braucht, um herauszufinden, wie dieses »Ich verstehe« zu interpretieren sei, dient Abbas dazu, Abstand zu schaffen zu dem Problem, der Frage, dem anderen, sich selbst.

BILDER VON ABBAS:
Abbas, der vom Sofa herunterrutscht und dagegengelehnt mit verrutschtem Jackett auf dem Teppich sitzt und danach auf allen vieren herumkrabbelt, um auf Augenhöhe mit Paula zu spielen. Abbas, der, Paula fixierend, die linke Handfläche auf den rechten Handrücken legt, mit der Doppelhand Wellenbewegungen vollführt und dazu mit den beiden abgespreizten Daumen Flügelschläge andeutet: der ziehende Kranich, dem das Kind mit großen Augen zusieht. Wochenlang übt sie die komplizierte Bewegung. Am Abend unserer ersten Lesung im Goethe-Institut beherrscht sie sie und kräht aus der ersten Reihe zum Podium herauf: »Abbas!! Kuck mal!« Und Abbas unterbricht sich und sieht ihrer Demonstration zu.

Abbas, der auf dem Amphitheater von Byblos für ein Photo Leslies herumalbert und sich dann in deklamatorische Pose stellt: Plötzlich ist er 2500 Jahre alt und kommt direkt aus einem Stück von Aristophanes.

Abbas, der auf dem Rückweg von Ehden, als Rachid die am Steuer sitzende Leslie anruft, um zu fragen, ob wir wieder gut in die Ebene gekommen sind, sich hinüberlehnt und in den Hörer kräht: »Rachid, dein Auto ist häßlich und unkomfortabel, verglichen mit diesem herrlichen Cadillac hier.«

Abbas, im Wissenschaftskolleg, ohne Notizen zu machen, der Laudatio von Adonis und der Rede von Darwish lauschend, mit Fragen eingreifend; dann einige Tage später sein Artikel für *As-Safir*: eine brillante Synopsis, als hätte er einen Mitschnitt gehabt, eine ebenso brillante Analyse des Gehalts. Seine Zerstreutheit, die über seine Fähigkeit zur Konzentration, zum genauen Zuhören hinwegtäuscht.

Im Brechthaus, als wir uns schon verabschieden und er plötzlich bittet, ob nicht auch der riesige Kleiderschrank geöffnet werden könne. Lächelnd betrachtet er dann die kragenlosen Hemden und Arbeiterjacken, die aufgrund der erstklassigen Stoffqualität und Verarbeitung (wenn ich mich recht entsinne, ließ Brecht bei einem Zürcher Herrenschneider fertigen) fünfzig Jahre wie einen Tag überstanden haben. Daß er sein letztes Domizil neben dem Friedhof, auf dem er bestattet sein wollte, wählte, um sozusagen, wenn es soweit war, nur über den Zaun steigen zu müssen, läßt Abbas nicht los. Lange blickt er aus dem Wintergarten der Weigelschen Wohnung hinüber. Lange auch hat er zuvor vor dem unscheinbaren Stein Hegels gestanden, bis ich den peinlichen Eindruck bekam, er bete am Grab eines Freundes oder Verwandten, den ich nie kennengelernt hatte, weswegen ich auch eher fehl am Platze war in diesem Moment. Bei den Büchern hält er sich nicht lange auf, aber an des Dichters Bett erkennt er seinen Mann: die Mönchszelle, das schmale, kinderbetthafte Lager, das Elitäre, Ausschließende, das Unsinnliche, Leibfeindliche, die Bahre bei Lebzeiten, das Bedürfnis nach Einsamkeit, Reinheit, der Dünkel, die Traurigkeit, die Todesnähe, das Abstoßende, das Anrührende.

Auf einer abendlichen Autofahrt zurück nach Beirut lehnt er träumerisch-genießerisch-melancholisch den Kopf über die Lehne in den Nacken und schließt die Augen, als im Autoradio ein Lied von Oum Kalsoum erklingt (er spricht den Namen »Um-Kultum« aus). »Was habe ich sie hören können, früher. In ihren Konzerten sang sie nur ein einziges Lied, zwei Stunden lang ... Eine einzige lange Variation der Klage und des Lebenswehs.« Für mich, der ich auch meine frühen Sehnsuchts-Songs habe, sind diese Töne, die mir fremd bleiben, ein undeutlicher Blick in einen Garten, der mir verschlossen ist: Abbas' Jugend.

Im Hamburger Bahnhof sein gespanntes, waches, begeistertes, kenntnisreiches Interesse für Anselm Kiefer. Angesichts vieler anderer banal-wichtigtuerischer Installationen läßt unser Interesse nach, und als wir an der fünften Besuchergruppe vorbeikommen, die unter andächtig-angespanntem Kathedralenschweigen in einem Raum mit grünen Frisiersalon-Neonröhren und in den Zimmerecken postierten Ikeastühlen verweilt, fängt er herzlich und laut zu lachen an: »Der Kaiser dieser Kunst ist nackt, das ist komisch, nicht tragisch, aber daß das Volk nicht wahrhaben will, was es sieht, das ist zum verzweifelten Lachen!« Eine blasse Dame dreht sich um und zischt uns an wie eine wütende Schlange. Dann entdeckt sie den Araber, und von ihrem zerbröckelnden Blick fällt die ganze mühsam angelernte Multikulti-Toleranztünche ab.

Abbas mit engen Freunden im Zwiegespräch: Er nimmt sie mit hinein in seine Aura, tiefe Vertrautheit, warme Strahlung. Abbas gegenüber Fremden: der Blick ein wenig nach innen, die Attitüde zwischen mürrisch und bescheiden, von sich selbst absehend, keine Umstände machen wollend, dabei ganz Ohr und Auge, um ein- und abzuschätzen. Abbas im Freundeskreis: wie ein Triton, ein Halbgott des Mittelmeers, sybaritisch, mit in den Nacken geworfenem Haupt auf den Wellen des Gelächters treibend, am lautesten lachend, wenn er auf den Arm genommen wird. Abbas enerviert: dieselben lachenden Augen, aber das Messer der Sprache schnappt plötzlich auf. Ein kurzer Schnitt genügt. Ist der Störenfried dann immer noch da oder zu dickfellig, um etwas zu bemerken, folgen Überdruß und Müdigkeit, Unkonzentriertheit.

Wie viele Intellektuelle hat er die Tendenz, die einmal (und vermutlich infolge langen Nachdenkens, langer Selbstprüfungen und dialektischer Infragestellung) als gültig und wichtig empfundenen Gedanken und Aussagen zu gesellschaftlichen und politischen Themen regelmäßig zu wiederholen, ohne Rücksicht darauf – und vielleicht ohne sich daran zu erinnern –, sie gestern, vorgestern und in einem Artikel bereits ebenso formuliert zu haben. Vielleicht klingt daraus auch die Melancholie darüber, daß man richtige Erkenntnisse tausendmal aussprechen kann, ohne daß sie zu irgendwelchen Konsequenzen in der Realität führen.

Jedes neue Treffen: der leicht schräg gehaltene Kopf, die maliziös glitzernden Augen, der Strahlenkranz, der freudig überraschte Ausruf, das Lächeln, die ausgebreiteten Hände, das begütigende Klopfen auf die Arme beim Begrüßungskuß. *Ça va?*

Seine Abneigung gegen lange Abschiede, Zeremonien, Sentimentalitäten: anblicken, verabschieden, abwenden, die hochgereckte Hand Gruß und Abwehr zugleich, dann nur noch die in der Drehung wehenden Mantelschöße.

*

**Auf einem der Sessel** in Abbas' Büro sitzt Rachid Daif, Literaturdozent an der staatlichen Universität und Schriftsteller, der uns, kaum sind wir einander vorgestellt worden, für Samstag in sein Haus in den Bergen einlädt. Nach dem Kaffee schlägt er vor, daß wir alle in seinem Auto in die Innenstadt fahren, um das Gespräch fortzusetzen. Rachid ist einen Kopf größer als Abbas, ähnelt ihm aber auf den ersten Blick, vielleicht aufgrund des schütteren Haars, der Glatze, der schönen traurig-zarten Denkergesichter. Die beiden haben etwas Pat-und-Patachon-, Laurel-und-Hardy-haftes, das sie, glaube ich, in manchen Momenten auch kultivieren. Ein Paar trister Clowns aus einem komischen Beckett-Stück. Sie scheinen zu improvisieren, kennen ihren Text aber im Schlaf. Eindruck tiefer Vertrautheit zwischen ihnen. Abbas der südlich elegante Städter, wogegen Rachid in Kleidung und Habitus den englischen Gentleman-Farmer, der von seinem Anwesen runter in die Stadt gefahren kommt, eher karikiert als inkarniert (im übrigen *avec les moyens du bord*: Libanesische Dozentengehälter erlauben nicht das Leben der *gentry*).

Während der Fahrt schwärmt Rachid in so hohen Tönen von seinem Auto, einem Mitsubishi Pajero 4wd, daß ich, obwohl ich ihm mehrmals in die Augen sehe, in denen ein bösartiger, aber vielleicht eben auch wahnsinniger Schalk blitzt, noch beim Aussteigen nicht ganz sicher bin, es nicht mit einem leicht wunderlichen Angeber zu tun zu haben. »Ideal ist dieses göttliche Auto für die Berge bei mir oben, wo bis vor einigen Tagen noch Schnee lag. Da kommt der Vierradantrieb zur Geltung. Ich glaube, es gibt gar kein schöneres Auto auf der Welt als meines. Schau dir an, wie es verarbeitet ist. Findest du nicht? Dieses feste körnige Plastik hier!« Er klopft gegen die Dachverkleidung. Dann in plötzlich ernüchtertem Ton: »Du findest das nicht, nicht wahr?« Wobei er mich durchdringend mustert. Und dann gänzlich zerknirscht, aber mit einer Spur von Vorwurf in der Stimme: »Du findest es gar nicht schön, mein Auto? Sag's ruhig, ich kann mit Ehrlichkeit umgehen ...«

Wir durchfahren gerade einen zerschossenen Streifen an der ehemaligen Demarkationslinie, ein extrem schmales, dreißigstöckiges Hochhaus mit leeren Fensterhöhlen (bei Beginn des Krieges fertig im Rohbau, nie ausgebaut) ragt empor wie ein schwarz verkohlter Zeigefinger. Brachland, durchschnitten von Stadtautobahnen, Unterführungen, dazwischen wenige, ehemals schöne osmanische Villen, Schußlöcher in den Fassaden wie Pocken- oder Lepranarben. Daneben neue Gebäude aus dem Nachkrieg.

Die Fußgängerzone ist eine Oase postmoderner Urbanität im internationalen Business-Class-Stil, hundert Meter rings um die Place de l'Etoile, ockergelb restaurierte Gebäude aus der Mandatszeit, Cafés, Restaurants, Luxusboutiquen, Arkaden, am Ende einer Seitengasse der Blick auf Ausgrabungsstätten: römisch, darunter phönizisch.

Das Ganze erinnert an Mailand oder Lugano, sage ich und meine das durchaus als Kompliment. Rachid ist sehr einverstanden, Abbas gar nicht.

Am Etoile, wo das Parlamentsgebäude steht und das Café, das wir ansteuern, herrscht Militärpräsenz. Die Straße entlang zeigen Schaukästen Vorher/Nachher die Arbeit der Gesellschaft Solidere, die die Innenstadt renovieren soll. Das wenige, das bisher entstand, ist zweifelsohne gelungen, und ebenso zweifelsfrei ist das Viertel für Leute mit Kindern ein willkommenes Reservat der Entspannung.

Muezzinrufe schallen von drei oder vier Moscheen in unmittelbarer Nähe, brechen sich an den Fassaden und fluten zurück und übereinander.

Dann ertönt als Konkurrenz aus mehreren Himmelsrichtungen das Geläute von Kirchenglocken. Rachid und Abbas ziehen eine Grimasse. Ich schließe die Augen. Wohlwissend, daß hier ein jeder nur seine eigene Religion kritisieren darf, höre ich ihrem Wortwechsel zu: Kannst du das ertragen? Das ist doch keine Musik, kein Gesang! Fünfmal am Tag *appel à la prière*, am Freitag dazu noch via Lautsprecher die Rede des Imam von jeder Moschee über sittliche, religiöse, politische Themen. Unerträglich! Und was, wenn ich es nicht hören will, wenn ich dieses Gekreische als Zumutung empfinde? Das stört sie nicht, denn: *Le ciel appartient à Dieu*, also wird die Botschaft ungeniert in den offenen Raum hinausgesprochen, und jedermann ist gezwungen, sie über sich ergehen zu lassen. Und die Glocken!

Als ich frage, worüber der Imam denn rede, erfahre ich, daß die politischen Reden oft Haßtiraden gegen Israel sind: *Il n'y a pas de nuances.*

Rachid rümpft die Nase, wendet sich mir zu und deutet auf Abbas: »Er ist ein atheistischer Schiit. Ich dagegen ein atheistischer Christ *à la libanaise.*«

Bei Kaffee und Orangensaft, Tee und Pistazien geben Abbas und Rachid eine Lektion in angewandter Dialektik.

Erster Disput angesichts des Wettstreits von Muezzin und Glocken: Hat die Islamisierung des Orients ihren Zenit erreicht bzw. überschritten? Abbas glaubt ja, Beispiel Iran, der Islam als politisches Modell habe sich als Zukunftsvision ebenso totgelaufen wie seinerzeit der Sozialismus.

Rachid glaubt vielmehr an ein langfristiges Ansteigen der Radikalisierung des Islam: »Der Zusammenbruch der UdSSR ist eine Katastrophe gewesen, weißt du? Die Leitbilder für die laizistischen Orientalen waren 1789 und 1917 – nun bleibt ihnen nichts mehr. Letztens in der Universität – ich bin erschüttert! – sollte ich Erstsemestern etwas über die UdSSR erzählen. Die wußten nicht mehr, was das war! Sie wissen es nicht mehr! In meinen Vorlesungen sitzen mehr und mehr verschleierte Studentinnen. Die Kinder militanter Kommunisten, meiner eigenen Freunde, und sind praktizierende Moslems.«

»Das sind die letzten Zuckungen einer ratlosen Flucht in die Religion«, sagt Abbas.

Ein weiterer Dissens betrifft die Literatur. Ist der Koran als poetisches Werk ein originäres, quasi aus sich selbst heraus geschaffenes Meisterwerk (Abbas), oder baut er kontinuierlich auf den Errungenschaften der vorkoranischen Poesie auf (Rachid)? Schon die Berliner Gespräche mit Abbas hatten mir wieder ins Gedächtnis gerufen, welche geistigen, kulturellen Höhen die Araber erreicht hatten im Mittelalter. Es ist die Fallhöhe, die ihnen bewußt gemacht wird durch die wachgehaltene (und manchmal ins Mythische gleitende) Erinnerung, die Fallhöhe von der damaligen Größe zur heutigen Verächtlichkeit (so wird es wahrgenommen), die diese Grundstimmung von Gekränktheit erzeugt, beim »kleinen Mann auf der Straße« ganz genauso wie beim Intellektuellen, der weiß, wovon er spricht.

Nächster Streitpunkt: der Wiederaufbau der Innenstadt. Abbas: »Sieh dich um, es ist Disneyland, ein reines Amüsierviertel. Kein Mensch wohnt hier, kaum einer arbeitet, es ist viel zu teuer, darüber hinaus wurden die früheren Eigentümer allesamt kaltlächelnd enteignet. Das ganze Viertel ist ausschließlich für Touristen, eine Pufferzone zwischen Ost und West.« Ich muß daran denken, wie wir in Berlin den neuen Potsdamer Platz besichtigt haben. »Früher war hier das Zentrum der Stadt, die Souks, die Place des Martyrs, arm und reich, jung und alt trafen sich und LEBTEN hier!«

Er geht sogar so weit, die Autobahnen zu verdammen, auf denen man problemlos von draußen ins Zentrum kommt (man sieht, er ist selbst kein Autofahrer, denn die werden dankbar sein).

Durch eine Stadt müsse man sich durcharbeiten, von draußen nach drinnen und schließlich in ihr Herz.

Rachid: »Ohne Solidere gäbe es keine Ausgrabungen, keine Ordnung, nach wie vor nur Schuttwüste. Außerdem ist das hier kein Amüsierviertel, sondern eines, wo Leute arbeiten. Und es ist schön. Es ist handwerklich schön gearbeitet worden, sauber, mit Sinn für Ästhetik. Es ist ein Glücksfall. Und sieh dich um: Die Menschen nehmen es an!«

Abbas spuckt eine Pistazienschale aus. Rachid starrt ihn triumphierend an: »Du haßt die Kapitalisten? *Mais l'argent est plus intelligent que la pauvreté!* Geld ist klüger als Armut.«

Zurück neben der verhängten Oper, auf dem Parkplatz, aus dem eine Shopping Mall werden soll, stößt Rachid mich an und wirft einen Blick auf Abbas: »Er ist ja Poet«, meint er abschätzig, deutet dann auf sein Handy: »Ist es nicht schön? Es paßt in eine Hand wie eine Freundeshand, das polierte Aluminium schimmert matt wie der Mond in den Bergen. Und was es nicht alles vermag, auf so wenig Raum: Es verbindet Leute miteinander, überall, zu jeder Stunde, es dient als Wecker, als Notizbuch, als Adreßbuch. *Ça, c'est la poésie moderne! La technologie. C'est mieux que tous les poè-*

*mes* ... Das ist moderne Poesie, so wie ich sie verstehe. Die Technologie. Nicht die Elaborate deines Freundes hier.«

Abbas grinst: »Willst du nicht dein kleines häßliches japanisches Auto aufschließen, damit wir hier wegkommen?«

*

**Morgendliche Fahrt** nach Saida mit Herrn Assaf im Kleinbus des Goethe-Instituts. Völlig zersiedeltes Küstenland mit den immergleichen Konstruktionen (Betonpfeiler, Flachdach, dann wird ausgemauert, auf dem Dach warten weitere Pfeiler auf eine eventuelle zusätzliche Etage), das mich an Torrevecchia, die *borgata* im Nordwesten Roms, erinnert, wohin ich an einem ebenso heißen Vorfrühlingstag 1983 fuhr, um eine Wohnung zu finden (wobei sich herausstellte, daß die im *Messaggero* angebotene eine Garage war, in die man ein Fenster gebrochen hatte). Dieselbe *Bidonville*-Atmosphäre einer ausufernden Großstadt mit Brachland zwischen den Gebäuden, mit Bauschutt und Schrottbergen als Kinderspielplätzen, de-Chirico-haft in den Schluchten zwischen den kreuz und quer stehenden Hochhausgerippen wehender Buntwäsche. Drumherum Kiesel, Bruchsteine, staubiges, struppiges Buschwerk. Ab und zu Gewächshäuser und kleine Olivenhaine.

Die vierspurige Autobahn hört kurz vor Saida auf, ohne daß wir auch nur einen Kilometer durch unbesiedelte *Land*schaft gefahren wären. Sidon ist ein altes moslemisches Dorf, das zu einer 60 000-Einwohner-Stadt angewachsen ist, ein sunnitisches Zentrum. Wie ich später erfahre, ist es fast unmöglich, in der Stadt irgendwo einen Alkoholausschank zu finden, dafür kaufen die Sunniten ihren Alkohol in Beirut und trinken ihn heimlich zu Hause. Auf der Meerseite steht ein gigantisches, futuristisch wirkendes Sportstadion neben der Autobahn, aus der niedrigen Vorstadt ragt eine gigantische Moschee im Bau, beides (typische) Geschenke des Premierministers Rafic Hariri, eines in Saudi-Arabien zu Milliarden gekommenen Saidaners, an seine Heimatstadt.

Das Gegenstück, die christliche Parade sozusagen, ist die Riesenkirche Notre Dame du Liban mit der in tausend Meter Höhe die Bucht von Jounieh und die Landzunge von Beirut überblickenden kolossalen Marienstatue. Die Zitadelle der Maroniten. Dort huschen überall schwarzgekleidete alte Pilgerinnen mit Kopftuch umher, und auf dem ganzen Areal, auch draußen, rund um die riesige Kirche (deren Rippendach aussieht wie ein umgestürzter Schiffsrumpf) herrscht Rauchverbot, das ebenso wie Stille und gedämpftes Aufsetzen der Füße von umherpatrouillierenden Männern kontrolliert wird.

In dem riesigen Kirchenschiff stehen keine Bankreihen, sondern Tausende von Plastikgartenstühlen. Zwischen Eingang und Altar befindet sich eine große Glasvitrine mit einer Marienstatue und einem Klingelbeutel, bei dem der Münzeinwurf automatisch elektrische Kerzen in und um den Marienschrein entzündet. Die Kulisse für Gruppen-, Familien- und Erinnerungsphotos, und es stauen sich so viele wartende Clans rund um den Glaskasten und die blinkenden Elektrokerzen, daß kein Hinein- und kein Herauskommen ist.

*

**Als wir auf der schmal** gewordenen Uferstraße zwischen Souk und Fischereihafen ins alte Dorf rollen, fällt sie sofort ins Auge: die Wasserburg der Kreuzritter. Direkt dahinter hat man den Abfertigungsterminal für große Frachtschiffe hingestellt, der ihrem Anblick die Wucht und Größe nimmt. Man betritt sie über eine lange steinerne Brücke. In die Außenmauern sind zur Verstärkung griechische oder römische Säulenquerschnitte eingefügt. So ging es in diesem Land über die Jahrhunderte: Die Eroberer benutzten die Architektur ihrer Vorgänger als Steinbruch oder Fundament für die eigenen Bauten.

Diese Burg hier wurde von Friedrich II. erbaut oder brechtisch korrekt: auf seinen Befehl hin. Sofort ist die Erinnerung an den großartigen Roman von Horst Stern da: *Mann aus Apulien*, und macht die Ruine für mich zu einem beseelten Ort.

Es wird mir auf dieser Reise noch einmal so gehen, einige Tage später, als wir in Baalbek sind, im römischen Heliopolis. Da ist es der Name Hadrian (er gab den dortigen Bacchustempel in Auftrag). Sofort befinde ich mich in den *Mémoires d'Hadrien* von Marguérite Yourcenar (den dämlichen deutschen Dompteurstitel »Ich zähmte die Wölfin« mag ich nicht), dem für mich vielleicht bedeutendsten historischen Roman überhaupt. Wie faszinierend er jenen historischen Augenblick vergegenwärtigt, als man nicht mehr an die alten Götter glaubte und noch nicht an die neuen und der Mensch frei war! Wie souverän die Darstellung eines solchen von Religion nicht angekränkelten, vernünftigen Menschen ist, eines *Handelnden* zudem noch! Sätze wie: »*J'arrivai à l'age où chaque beau lieu en rappelle un autre, plus beau, où chaque délice s'aggrave du souvenir de délices passées*« werden nicht nur vom Genie diktiert, auch nicht vom Stil, sondern vor allem von der Zeit, sofern sie dem Künstler gegeben ist und er sie sich gelassen hat, um schließlich aus einem Meer sicherer Kenntnisse zu schöpfen, in dreißig Jahren angeeignet: Schlechte Romane sind denn eben doch oft das Resultat mangelnden Wissens, d.h. mangelnder Arbeit.

Aber was ist das in beiden Fällen, sowohl bei der Kreuzritterburg des Mannes aus Apulien als auch beim Tempel des römischen Cäsaren, was mich Realität verstärkt über die Erinnerung an Bücher wahrnehmen läßt – eine Berufskrankheit oder ein Beweis für die Macht der Literatur?

Ertrage ich eine Realität, eine Tatsache, nur mehr als mediale Vermittlung? Bin ich womöglich außerstande, noch richtig zu unterscheiden zwischen beidem? Oder blasiert gegenüber der nicht vom *Text* beglaubigten Welt?

Handelt es sich um gegenseitige Beseelung: Realitätszuwachs des Romans angesichts des Bauwerks, welches sein Held hat errichten lassen – Interesse für das Bauwerk als reales, greifbares, dreidimensionales Vermächtnis des Romanhelden? Aber das Buch hat gar keine Beseelung durch die Realität nötig. Nur diese bleibt recht blaß – ein Haufen alter Steine (wie einige Tage darauf das Ausgrabungsfeld in Byblos), die keine Emotion, kein Verständnis in mir wecken, es sei denn, die *Sympathie* mit einer Romanfigur läßt mich Sympathie zu gerade diesem Stück Natur oder Stein fassen; ihr Leben, das in mir pulsiert, erfüllt auch die Steine mit Leben, gerade so, wie mich das Haus eines Freundes mehr interessiert als ein leeres fremdes Haus.

Tatsache bleibt, daß in Romanen Gelesenes eine ungleich stärkere und auch haltbarere Realität besitzt als vieles von dem, was man selbst erblickt und berührt hat, daß die vom Schriftsteller beseelte, literarisierte Natur ungleich stärker zu unserer Erinnerung wird als das, was wir selbst erblickt oder berührt haben, was aber nicht zur Geschichte unserer Seele gehört.

*

**Auf dem Rückweg** immer wieder Straßensperren, Kontrollen, aber wir werden nie angehalten. Symbolische Überbleibsel aus der Bürgerkriegszeit, meine ich. Später mokiere ich mich gegenüber Rachid über diese Geßlerhüte, die ich erniedrigend und provozierend finde – unverständlich vor allem ist mir, daß die Intellektuellen sich nicht daran stoßen, wenn die Menschen derart kujoniert werden. Dieses Dankesnicken der Fahrer, sobald sie durchgewunken sind, macht mich rebellisch. Auch der Fahrer des Goethe-Instituts verneigt sich so.

Es stellt sich heraus, daß ich völlig falsch liege: Die Kontrollen dienen nicht dazu, das eigene Volk zu demütigen, sondern vielmehr dazu, ihm ein Gefühl von Sicherheit zu geben.

Rachid: »Was glaubst du: Im Süden steht die Hisbollah, bis an die Zähne bewaffnet, mit Raketen, die jeden Punkt in Israel erreichen können. In den südlichen Vororten Beiruts leben mehrere hunderttausend Palästinenser, bis an die Zähne bewaffnet, jedes der Abbruchhäuser dort *starrt* vor Waffen, im Osten stehen die Syrer mit ihrer Armee und *warten* nur auf eine Gelegenheit, einzufallen; die syrische Geheimpolizei ist überall im Libanon präsent, lenkt quasi das Land, dazu haben bestimmt auch noch einige christliche Gruppierungen heimliche Waffen – das Land ist ein Pulverfaß. Also zeigt die Armee Präsenz zur Abschreckung, um im Notfall einsatzbereit zu sein und um der Bevölkerung wenigstens die Illusion nicht zu nehmen, dieses Land könne verteidigt werden.«

*

**Abbas lädt zu einem ersten** Beiruter Abendessen in ein Restaurant im Hamra-Viertel. Ich werde nach der Erfahrung dieser Diners nie mehr fähig sein, mich an einem gedeckten Tisch mit einem einzigen Gegenüber nicht einsam oder verloren zu fühlen. Als der Patron Abbas die Karte reicht, streicht der mit einer grandiosen und zugleich lässigen Handbewegung diagonal über sie hin, um dann zuversichtlich nach oben in die Augen des Wirts zu blicken. Der hat verstanden: Nach einer kurzen Wartezeit ergießen sich Füllhörner über uns, der Überfluß ist hier das Minimum zu Ehren des Gastes. Wie im Schlaraffenland deckt der lange Tisch sich mit farbenprächtigen Köstlichkeiten. Harun al-Raschid selbst hätte den illustresten seiner Gäste nicht königlicher aufwarten können. Aber die von zahlreichen helfenden Händen herbeigetragenen Schüsselchen und Tellerchen mit den unterschiedlichsten Mezze, deren verschiedene Düfte den Raum erfüllen, stellen nur die eine Hälfte der Zauberei dar. Im selben Rhythmus wie die Gerichte erscheinen die von Abbas geladenen Gäste, begrüßen ihn, grüßen uns und lassen sich rund um den Tisch nieder, um sich sogleich in Unterhaltungen zu verstricken, die wirken, als werde ein nur kurz unterbrochener Gesprächsfaden wieder aufgenommen, so daß mein betäubtes Sensorium bald nur mehr eine auf und nieder steigende Wellenbewegung aus Wortfetzen, Gelächter, Essenzen, Gesten und Mienenspiel wahrnimmt.

Als ein Kellner anstandslos auf die Straße hinaustritt, um im nächsten Lebensmittelgeschäft Apfelsaft für Paula zu holen, den es hier nicht gibt, und Paula den Moment der Aufmerksamkeit, der ihr zuteil wird, nutzt, um Nudelpizza zu verlangen, fragt Rachid, ob sie unser einziges Kind sei und ob wir glücklich wären über ihre Existenz.

»Warum habt ihr dann keine weiteren Kinder? Mir ist die Kinderarmut der europäischen Gesellschaften immer als ein Zeichen ihrer Dekadenz erschienen. Gesellschaften ohne Interesse an Nachwuchs, bedacht nur aufs schrankenlose Ausleben der Individualität, nicht auf ihre Fortpflanzung, sind absterbende Gesellschaften.«

Abbas mischt sich ein: »Raschid kommt aus einer zehnköpfigen Barbarenfamilie in einem gottverlassenen Nest im Norden, wo noch immer die Blutrache praktiziert wird. Und wie viele Kinder hast du, Rachid?«

Auch Rachid, stellt sich heraus, hat nur einen Sohn, sein ganzer Stolz, er lebt bei der Mutter in Frankreich.

»Eure Identität ist euch zum Problem geworden«, meint Rachid, »die okzidentale Gesellschaft arbeitet an ihrer Selbstabschaffung.«

»Ja«, antworte ich ihm mit einem Blick über die Tafel, »zumindest in zweierlei Hinsicht hast du recht: Deutschland ist ein Land, in dem die Menschen an ihren Nahrungsmitteln und an ihren Kindern sparen.«

Ebendieses Phänomen der Identität als Last, diese Müdigkeit an sich selbst, scheint eine gewisse Faszination des Konträren auszuüben. Schon Abbas hat dieses Verschwindenwollen bei unseren Lesungen aus meiner Novelle *Barfuß* herausdestilliert und als europäische Identitätskrise interpretiert, hat dieses Zuviel an Identität, das dem Menschen zum Kreuz wird, dem Zuwenig des arabischen Menschen gegenübergestellt, der immer noch auf der Suche nach seiner Identität sei.

»Die arabische Identität speist sich nicht aus Realitäten, nur aus Mythen«, sagt er. »Darin gleicht sie der israelischen. Aber genau in dem Moment, da sie alle von arabischer Identität zu sprechen anfangen, geben sie ihre traditionelle Kultur auf. Es gibt hier keine originäre Kultur mehr, nur noch *bribes*-Restchen. Abgrenzung vom Westen? Lächerlich! Wir sind doch längst verwestlicht! Der Okzident ist doch, noch im Abscheu, den wir vor ihm haben können, unsere einzige reale Referenz! Alles andere ist Träumerei.«

Mir fällt Joschka Fischers Auschwitz-Vergleich aus dem Interview mit Bernard-Henri Levy ein. Der hatte den Minister gefragt, was denn für die Deutschen der nationale Zement sei, das, was für die Franzosen 1789 darstelle, der gemeinsame Nenner. Und Fischer antwortete: So seltsam es sich anhöre, dies sei für uns moderne Deutsche wohl Auschwitz.

»Aber ein Staat, der auf Auschwitz gründet«, ruft Rachid aus, »kann nur eine Finalität haben: zu verschwinden!«

»*Quod erat demonstrandum!*« antworte ich. »Womit wir wieder am Anfang des Gespräches wären.«

Wir werden von einem kleinen, älteren glatzköpfigen Mann unterbrochen, der Abbas ausführlich, mit viel Schultergeklopfe, viel falsch klingendem Lachen, viel Gelbe-Zähne-Blecken begrüßt und sich dann mit seiner sehr jungen, sehr teuer gekleideten Freundin einige Tische weiter niederläßt.

»Ich mag ihn gerne«, sagt Abbas mit seinem üblichen Grinsen, bei dem man nie weiß, wieviel Ernst es verbirgt. »Er lügt die ganze Zeit. Aber er lügt schlecht, also merkt man es. Ein ehemaliger Kommunist. Ein Universitätsdozent. Aber jetzt ist er reich geworden.«

»Und womit?«

»*Ah lui est devenu trafiquant ...*« Ob in Puder oder Pulver, verrät er nicht.

Unterdessen versuche ich, die Düfte, die über dem Tisch schweben, zu identifizieren. Natürlich Kichererbsen und geräucherte Auberginen, natürlich Kardamom und Zimt. Auch Nelken, Sumak, Sesamöl und Muskat. Aber der Geruch, der identitätsstiftend ist, der mich von nun an mit geschlossenen Augen erkennen lassen wird, in welchem Erdteil ich mich befinde, der Duft, der über dem ganzen Orient hängt, ist der von Kreuzkümmel.

Abbas antwortet auf meine Frage nach all den herumstehenden Menschen und nach dem Funktionieren dieser Gesellschaft.

Der Reichtum des Libanon ist die Bildung. Dann erzählt er von den hervorragenden Schulen und Universitäten des Landes, von den aus ihnen hervorgehenden Spitzenkräften, die danach in Europa, in Afrika, vor allem in den USA Karriere machen und von ihren Gehältern ganze Familien, die im Lande geblieben sind oder bleiben mußten, ernähren und im Alter sichern.

Rachid offenbart uns angesichts unserer Mäkelei über die von halbfertigen Betongerippen verschandelte Landschaft seine Poetik der angefangenen Häuser: »Erdgeschoß plus Dach plus vier Säulen zum Weiter- und Höherbauen – das ist der Gedanke an und die Hoffnung auf Kinder und Enkel. Ein *work in progress*. Dein Sohn, wenn er groß genug ist, wird die zweite Etage bauen, dein Enkel, so Gott will, daß du es noch erlebst, die nächste ... Ein Giebeldach wie auf europäischen Einfamilienhäuschen bedeutet Abschluß und Ende, ein geschlossenes Giebeldach symbolisiert den Tod.«

Der drohende Irak-Krieg ist hier keineswegs so präsent wie in Deutschland und wird vor allem ohne Panik erwartet. Wenn ich nicht darauf zu sprechen komme, tut es kein anderer.

Abbas: »Die Europäer müssen die USA kontrollieren und gegensteuern, ausbalancieren.«

Ich: »Es gibt nur leider keine Europäer.«

Abbas: »Aber Amerikaner oder nicht, *l'occasion est trop belle de se débarasser de Saddam Hussein.*«

Ich komme auf mein Thema zurück: Israel.

»Daß jedermann, mit dem ich in den letzten Wochen darüber sprach, so gar kein gutes Haar an Israel läßt und die Israelis eindeutig als die Schuldigen des Palästinakonflikts bezeichnet, ist für mich einfach nicht akzeptabel«, sage ich. »Mein Gefühl ist, es wird, was die Palästinenser betrifft, mit zweierlei Maß gemessen. Wenn andere Araber sie massakrieren, wie in Jordanien 1970, wie in Sabra und Chatila, haben sie immer gute Gründe, und es handelt sich immer um ein Problem von Ethnien, von Aufrechterhaltung staatlicher Souveränität, jedenfalls gibt es dann keine ›Araber‹, ist dann nie die Rede von Arabern. Sobald jedoch Israel im Spiel ist, sind sie alle plötzlich EIN Volk ...

»Eh«, sagt Abbas und nickt nachdenklich. Dann wirft er das Kinn nach vorn: »*Je comprends ...*«

*

**Was essentiell anders ist hier**: Die Mondsichel steht nicht, sondern liegt, ein im Samtmeer des Nachthimmels treibender Nachen.

Was die Natur betrifft, besonders die Gestirne, denke und formuliere ich automatisch poetisch-träumerisch, nicht wissenschaftlich, ganz einfach, weil es meinen Seeleneindrücken angemessener ist.

Ich erinnere mich an den Kometen Hale-Bopp. In den Herbst- und Wintermonaten des Jahres 1997 war er in Pesselière über dem Garten der Jalinières zu sehen, in Richtung Druyes-les-Belles-Fontaines. Ich hätte mir hundertmal sagen können, und tat es auch, daß ich hier eine Erscheinung aus Schutt und Eis erblickte: Dieses Wissen prallte vollkommen von mir ab, es besaß keinerlei tiefere Wahrheit. Denn die Wahrheit, die Evidenz dieser in einem tragischen Winkel bewegungslos vom Himmel herabstürzenden Gestalt war: ein fallender Engel.

Das war das Bild und das Wissen, das bis zu dem Zentrum in mir vordrang, in dem die Erinnerungen, die Urbilder geprägt werden: nichts von Eis und Schutt, sondern das Menetekel des fallenden Engels.

Ein weiteres Naturphänomen, das einen spüren läßt, *anderswo* zu sein: die fast inexistente Dämmerung. Während man auf einer Caféterrasse einen einzigen Kaffee trinkt, dunkelt der Himmel vom Blaßblau zum Tintenblau ein, und schon ist es Nacht, die gesamte Straßenbeleuchtung ist angegangen, der von fast überall sichtbare schneebedeckte Libanonkamm erloschen. Sie hat etwas Unheimliches, diese Zeitbeschleunigung.

*

**Am Eingangstor des Parks** von Sanayeh hängt noch immer das Schild »Waffen mitbringen verboten«. Ein schmiedeeisenumzäuntes Rechteck in der Art der kleinen Pariser Parks, mit Rundwegen, Bänken, Springbrünnchen, Platanen und Ahorn, einem Taubenschlag und einem abgegrenzten Spielplatz für Paula mitten im moslemischen Herz von Westbeirut, in dessen Gassen Muezzinrufe und chorales Psalmodieren widerhallen. Mit Mietskasernen und im Schatten der Nachkriegshochhäuser abrißreifen, ehemals noblen Stadtvillen aus der osmanischen Zeit, in deren verwilderten Gärten Bauschutt und Sperrmüll zwischen den Palmen und den Orchideen herumliegen. Mit Einkaufsstraßen voller Jeans- und Sportswearläden, aus denen eine Mischung aus Arabopop und Hiphop plärrt.

Außer Paula ist nur noch ein etwas älterer Junge auf dem Gelände, der – große Ausnahme – nicht von einer Frauengruppe, sondern von seinem Vater begleitet wird. Dieser ist außerhalb der Einfriedung stehengeblieben und wartet auf eine Weise, die ich nur orientalisch nennen kann. Seine ganze Haltung, sein vager, aber nicht müder Blick zeigen: Er langweilt sich nicht, er hat es nicht eilig, er wartet nicht darauf, daß sein Sohn zurückkommt, er wartet auf nichts. Er wartet. Die beiden Kinder spielen nicht wirklich zusammen, eher parallel, kreisen in einer spiralförmigen Choreographie umeinander, haben einander aber genau im Blick, obwohl sie jeden direkten Blickkontakt vermeiden, und ahmen einander nach. Rutscht der eine die Rutsche hinab, klettert die andere ostentativ die Leiter hinauf, um dann aber im nächsten Augenblick ebenfalls die Rutsche zu versuchen, während der Knabe die Leiter erklimmt. Langsam nähern sie sich einander an, bis zu dem Moment, als sie dann doch plötzlich gemeinsam oben an der Rutsche stehen und in einem fast asiatisch anmutenden Höflichkeitszeremoniell der Verlegenheit dem jeweils anderen den Vortritt zu lassen versuchen. Sobald sie dann direkt nacheinander hinabgleiten, steht auf beiden Gesichtern verhohlene Freude. Als der Junge jedoch Paula wortlos ein von seinem Vater geholtes Bonbon anbietet, ist es aus mit dem Fraternisieren. Verwirrt, schutzsuchend läuft sie zu Mama.

*

**Auf dem Rückweg** vorüber am gigantischen Gerippe des zu Kriegsbeginn zerschossenen, verstümmelten Holiday Inn und auf die Corniche, die wir in ganzer Länge bis hinauf nach Ras Beirut entlangspazieren und an deren Ende uns das Raouda erwartet. Linker Hand die verschiedenen Generationen von Hotels; die wenigen alten sind fünfstöckig, die von vor dem Krieg zehngeschossig, die neuen haben zwanzig Etagen und mehr. An der Wasserseite reihen sich teure Restaurants und private Schwimm- und Sportclubs aneinander, an freien Stellen sitzen Angler.

Auf der Promenade Spaziergänger, Walker und Jogger im üblichen neonbunten Nylonoutfit. Ich muß an die Frage eines Freundes in Amsterdam denken, als es im Gespräch über das gesundheitliche Für und Wider des Gerennes ging: »*Have you ever seen a happy jogger?*« Als ich vor kurzem das erste Mal seit Jahren wieder um die Außenalster spazieren wollte, war vor lauter Joggern dort überhaupt kein Durchkommen mehr, und das seidige Schabegeräusch all der Nylonkleidung in Bewegung machte mich halb wahnsinnig, während das Geschnaufe, Gerotze und Gehechel um mich herum meinen eigenen Atemrhythmus durcheinanderbrachte. Ich sah all diese verbissenen, konzentrierten oder im Falle von zugestöpselten Ohren leer glotzenden Gesichter an mir vorüberhuschen, ich hörte das Getrippel, Getrabe und Geschlurfe, ich wurde erfaßt von dieser Hast, dieser Hatz nach Gesundheit und Jugend, und plötzlich hatte ich die Vision einer hohen Silhouette, die oberhalb von Bobby Reich an der Straße stand und hinabblickte auf all diese hetzenden Menschen: der Gevatter Tod, in einen langen grauen Umhang gehüllt, ein wenig müde lächelnd auf seine hohe Sense gestützt. Mit leisem Kopfschütteln sagte er: Glaubt doch nicht, ihr könntet davonlaufen. Ich kriege euch doch alle. Alle, wie ihr da seid.

Eines Tages kommt zum Kalifen von Bagdad sein Diener gelaufen, wirft sich vor ihm nieder und sagt mit schreckgeweiteten Augen, er habe soeben in der Stadt den Tod gesehen, der ihn so bedrohlich angeblickt habe, daß er sicher sei, er wolle ihn holen. Mit zitternder Stimme bittet er seinen Herrn, ihm Urlaub zu gewähren, damit er sich nach Basra flüchten kann, bis die Gefahr vorüber ist.

Der Kalif, ein verständiger Mann, gibt dem Flehen seines Knechtes statt und entläßt ihn. Kurz darauf ist er selbst in der Stadt unterwegs und trifft seinerseits auf den Tod. Sogleich stellt er ihn zur Rede und fragt ihn, was er sich dabei gedacht habe, seinen Diener zu erschrecken.

Aber es war keineswegs ein bedrohlicher Blick, entschuldigt sich der Tod, den ich auf ihn geworfen habe, vielmehr ein erstaunter. Treffe ich ihn doch hier in Bagdad, wo ich für den morgigen Tag eine Verabredung mit ihm habe in Basra!

Aber hier auf der Corniche wirken die Jogger nicht ganz so fanatisch und gegen ihr Sterbenmüssen anrennend wie an der Alster. Kommt ein radfahrender Händler mit Brotringen, halten manche an, setzen sich auf eine Bank, essen etwas, ziehen eine zusammengefaltete Zeitung aus der Tasche ihrer Trainingsjacke und strecken die Beine aus.

*

**Kurz vor der Librairie Antoine** steht auf der Hamra ein Schuhputzer mit schöner goldglänzender Gerätschaft, die meinen Blick bannt. Meine Schuhe sind staubig, also frage ich nach dem Preis. Der Mann hebt zwei Finger, ohne etwas zu sagen, und sieht mich gleichmütig an. Ich nicke und warte auf weitere Gesten. Sein Zeigefinger beschreibt einen sparsamen Viertelkreis aufwärts: Schuh auf den Bock, abwärts: runter vom Bock; ein Gedankenstrich zwischen beiden Schuhen heißt: jetzt der andere. Ich bewundere die rasche, gründliche Arbeit mit verschiedenen Tüchern, Lappen und Schuhwichse sowie Bürstchen, das Ausbessern abgestoßener Stellen mit einem schwarzen Pinselchen, das schon etwas von kosmetischer Operation hat, ans Haarefärben eines Greises erinnert. Glaube bereits an ein Ende, da poliert er noch einmal, und plötzlich glänzen die Schuhe schöner denn je. Dann jedoch, ich will zahlen, lehnt der Mann, gegerbtes Gesicht, graues gewelltes Haar, mit erhobener Hand ab, er will kein Geld. Habe ich ihn verletzt, beleidigt, findet er meine Schuhe so schön, daß er umsonst arbeiten will? Oder ist er der Geist des unterdrückten Orients, der auf die Münzen des Kolonisators spuckt, oder ein Seher, der weiß, daß ich nur noch kurz zu leben habe, todgeweiht bin (der Rückflug!) und der daher mein Geld nicht will? Ich insistiere jedenfalls, um mich freizukaufen, und bezahle nicht nur die zweitausend, sondern obendrein noch fünfhundert Pfund Trinkgeld. Die nächsten Tage sucht mein Blick jedesmal nach ihm, wenn ich zur Librairie Antoine gehe, halb überzeugt, er habe, eine Erscheinung, die nur mir gegolten hatte, sich in Luft aufgelöst. Aber nein, da sitzt er, starrt durch mich hindurch ...

*

**Um sechs Uhr abends** kommt Abbas und bringt Leslie Tramontini mit. Wir sitzen im Hotelpub und bestellen Tee und Bier, um den anglophilen Kellner nicht zu brüskieren. Leslies Stimme mit den rollenden Rs klingt zunächst nicht deutsch, vielleicht verwirrt mich auch ihr Name. Dann tippe ich auf fränkisch, aber sie hat ebenso wirre Wurzeln wie ich selbst und überdies schon als Kind mit ihren Eltern im Ausland gelebt. Sie war mit einem Italiener aus Triest verheiratet, der bei einem Autounfall ums Leben gekommen ist, hat über fünfzehn Jahre im Orient verbracht, im Iran und im Irak (wo sie ihren Mann kennenlernte). Ihre zwei Kinder, ein Junge und ein Mädchen, besuchen die amerikanische Schule. Sie ist Fellow am Orient-Institut. Zwischen uns herrscht auf der Stelle Sympathie. Sie sieht gut aus mit ihrem schwarzen Kurzhaarschnitt, in Gestik und Bewegung und Auftreten ist sie der Typus der weltgewandten Akademikerin, einer geistig wie materiell unabhängigen Frau, die niemandes Anhängsel ist. Eine jener Auslandsdeutschen, die das Beste bündeln, was Deutschsein *auch* bedeuten kann, und was ein etwas altertümliches Wort als *patent* bezeichnet. Als sie hört, daß Rachid uns für den folgenden Tag nach Ehden eingeladen hat, bietet sie sogleich an, uns in ihrem Auto hinaufzufahren. Abbas schwärmt: ein Cadillac!

Eine Frau, die Cadillac fährt, beflügelt auch meine Phantasie ungemein, und ich will erfahren, wie sie zu einem solchen Auto kommt.

Sie erklärt, daß sie im Irak immer amerikanische Wagen gefahren habe. »Die sind im ganzen Orient gebraucht sehr preiswert zu haben. Als wir hierherzogen, habe ich zunächst einen Buick gekauft, aber das hätte mich fast meine Kinder gekostet ...«

Wir sehen sie erschrocken an.

»Nun ja«, fährt sie fort, »es ist die amerikanische Schule. Dort werden alle Kinder mit dem Wagen abgeholt. Aber eben nicht mit einem Buick. Die beiden haben mir verboten, noch einmal mit diesem Blecheimer vorzufahren. Willst du, daß wir uns überhaupt nicht mehr sehen lassen können bei unseren Mitschülern? Der Gipfel der Peinlichkeit! Ein Buick! Auf die anderen warteten Limousinen einer ganz anderen Kategorie. Lieber noch gehen wir zu Fuß nach Hause! Da wußte ich, daß es ernst war. Und da habe ich mir eben den schwarzen Sedan de Ville angeschafft, um die Familienehre zu retten. Immerhin verleugnen sie mich seither nicht mehr ...«

*

**Auf mein Drängen hin** macht die fidele Reisegruppe auf dem Weg in die Berge halt in Byblos; ich möchte die Ausgrabungen sehen. Ich fürchte ein wenig, in Gesellschaft von Leuten, die sie zu gut kennen und für die sie Alltag bedeuten, an den Wundern dieses Landes achtlos vorüberzugehen. Am kleinen Hafen, wo wir parken und den Ausflug zu den Ruinen beginnen, haben wir sechstausend Jahre Kultur und menschliche Geschichte unter den Füßen, die bei dieser Vorstellung immerhin etwas prickeln: Steinzeit, Bronzezeit, Ägypter, Phönizier, Griechen, Römer, Byzantiner, Araber, Kreuzfahrer, Mamelucken, Türken ...

Wie jeden Tag seit unserer Ankunft spannt sich ein wolkenloser blauer Mittelmeerhimmel über uns, in der Sonne kommt man beim Hinaufsteigen in den Ort schnell ins Schwitzen. Die uralte, nie veränderte Kaimauer, von der die Handelsschiffe mit Holz und Purpur beladen aufbrachen nach Syrien und Karthago, nach Sizilien und Spanien. Die massive Kreuzfahrerburg. Ausgrabungen von mindestens neun Kulturen. Meine Vergegenwärtigungskraft reicht ohne die Stütze der Literatur nur ins christliche Mittelalter hinab, das noch aufrecht steht. In der Altstadt Besuch einer tausend Jahre alten Kreuzfahrerkirche, die nie baulich verändert worden und immer christliche Kirche geblieben ist. Darin eine Weihnachtskrippe: Hinter dem Stall, der Geburtshöhle besser gesagt, ein WTC-Turm aus Pappmaché mit schräg darinsteckendem Flugzeug sowie je eine halbzerstörte Kirche und Moschee, alles mit roter Farbe wie von Blutspritzern besprenkelt.

Auf dem Rückweg trinken wir über dem sonnenglitzernden Hafenbecken Kaffee, essen Croissants, genießen die Wärme. Wunderbar gelöste Stimmung. Rachid ruft auf dem *cellulaire*, dem Mobiltelefon, an und drängt.

Weiter auf der vierspurigen Uferstraße bis kurz vor Tripoli, dann in die Berge hinein. Irgendwann zweigt die Straße nach Ehden links ab, rechts geht es weiter nach Bscharrie, dem Geburtsort Khalil Gibrans, laut Straßenschild achtzehn Kilometer entfernt. Eine Minute später deutet Abbas auf ein Dörfchen am Berg gegenüber und fragt Leslie, ob das Bscharrie sei. Er hat keine Spur von Orientierungsvermögen! Vor allem aber ist ihm (Rachid genauso) die Natur, auch solche Dinge wie die Ausgrabungen in Byblos, völlig gleichgültig, er ist ihnen gegenüber gewissermaßen blind. Natur existiert für ihn nur als geistige Erscheinung, ist nur als Transposition interessant. Sobald der Baum, der Berg Wort oder Metapher geworden sind, interessiert Abbas sich für sie, ja, bekommen sie erst Gestalt für ihn. Den Stoff an sich nimmt er nicht wahr, der bleibt liegen wie zusammengeknülltes Konzeptpapier. Nicht die Realität als solche, nur ihr Übertrag in Gedanken und Worte ist für ihn real. Beide haben auch kein Auge dafür, wie grausam zersiedelt die Küste ist, so daß kein normaler Europäer hier Sommerurlaub machen wollte.

Mich interessiert die geologische Beschaffenheit, Gebirgsformationen, ich frage nach dem Terrassenanbau, nach den Bäumen. Ich brauche einen Begriff zu dem Bild, verstehe den im Thüringer Wald mit seinem Hämmerchen Gesteinsproben nehmenden Goethe nur zu gut. Die Emotionen, die die Dinge hervorrufen, hängen ganz direkt mit ihrer Materialität, ihrer Materie zusammen und deren Namen. Hier handelt es sich um Kalksteingebirge, vulkanische Basalte, in manchen Regionen herrscht Verkarstung, die Bäume, die ich am Straßenrand sehe, sind Stein- und Libanoneichen (mit Blättern, die aussehen wie von Kastanienbäumen), Ahorn, Tannen, Zypressen, Wacholder, Pinien, Eschen.

Ich muß an die Literaten auf dem Berge denken, vor einigen Jahren, die die grandiose Natur dort oben zwischen Mittenwald und Garmisch nicht ertrugen, die ungeheure Wettersteinwand. »Phototapete«, witzelten sie, »Wo ist das versteckte Tonband mit den Vogelstimmen?«, anstatt zu analysieren, was genau sie da so beeindruckte, anstatt hinzugehen zu den Felsen und Bäumen und die Namen der Gesteine, ihr Alter, ihre Beschaffenheit, die dortige Flora und Fauna herauszufinden, anzufassen und sie dann zu beschreiben. Anstatt zu *arbeiten*!

*

**In Ehden angekommen**, sind wir auf 1400 Meter. Eine Madonnenstatue auf der höchsten Kuppe des Orts. Finden unter den wild hochgezogenen, teils fertigen, teils im Rohbau stehenden Häusern an Karren- und Feldwegen nicht das von Rachid. »Da sind wieder neue dazugekommen, seit ich das letzte Mal hier war«, sagt Leslie. Jedermann baut, sobald er ein wenig Geld hat, zumindest ein Fundament auf den alten Acker seines Vaters oder Großvaters, ganz gleich, wie dicht er damit dem Haus des Nachbarn auf die Pelle rückt.

Hilferuf übers *cellulaire.* Rachid kommt uns mit seinem Pajero entgegen, lotst uns die letzten zweihundert Meter zu seiner Datsche direkt am Abhang. Mit Blick auf die vorgelagerten Berge, darunter Tripoli und das Meer. Grandiose Aussicht, wenn man die überall aus der kargen Natur aufragenden Betonrohbauten übersieht. Typisches Männer-, das heißt Junggesellenhaus. Der feminine Touch in den Details, die Dekoration, das »Schön-Machen« fehlt völlig. Schlafen, Sich-Aufrichten, die Kaffeetasse abstellen, sich zum Arbeiten an den Computer wälzen – all das muß für einen Mann möglichst in einer einzigen fließenden Bewegung möglich sein: *So* ist das Haus eingerichtet.

Schlechte Verarbeitung, Risse im Putz. Großer Balkon, drinnen ist es kälter als draußen. Viele Schlafräume mit Feldbetten und bücherbeladenen Nachttischen.

*Ein sehr grobkörniges Schwarzweißphoto, offenbar aus einer Tageszeitung. Querformat.*

Rachid ist extrem ärgerlich über unsere Verspätung (was ich gar nicht recht mitbekomme und auch nicht mitbekommen will, um mir nicht die Hochstimmung verderben zu lassen), er hatte alles minutiös vorbereitet: unsere frühe Ankunft, die gemeinsame Fahrt zu den Zedern, das Mittagessen bei seiner Mutter, die den Auftrag hatte zu kochen:

alles für die Katz! Er wirft es Abbas vor, wo doch eigentlich ich der Bremser gewesen bin.

*In der Mitte des Bildes liegt langgestreckt ein nackter, nur mit einer Unter- oder Badehose bekleideter, ermordeter Mann, sein Kopf ist nach links, also dem Betrachter entgegengedreht. Die durch zwei Türen unterbrochene Wand des Zimmers bildet eine Diagonale vom linken oberen bis zum rechten unteren Bildwinkel. Die Wand des Zimmers ist weiß, die Scheuerleisten und Türrahmen dunkler, offenbar aus Holz. Am oberen Bildrand, angeschnitten, ist ein Gestell zu sehen, ob aus Holz oder Metall, ist nicht auszumachen, das ein Sessel oder ein Stuhl sein könnte, vielleicht auch ein Beistelltisch oder ein Bett. Am rechten oberen Bildrand ist durch die offene Tür neben dem massiven Rahmen der Sockel eines Möbelstücks zu sehen, einer Kommode oder eines Bauernschranks.*

*Aufgrund der Körnung kann man nicht sicher sein, ob Teppiche (mit Mustern) oder Blutflecken den Boden bedecken oder ob es sich um einen Steinboden mit blutigen Fußabdrücken handelt.*

*Der tote Mann ist groß und schlank. Hinter seinen Beinen und seinem Rumpf liegt ein Gewirr weißer Kleidungsstücke. Seine Füße wirken, verglichen mit den schmalen Fesseln und dünnen Waden, plump und geschwollen. Der feinen schwärzlichen Schraffur nach zu urteilen sind seine Beine vom Ansatz der Unter- oder Badehose bis zu den Knöcheln behaart. Der Oberkörper ist blutverschmiert, der linke Unterarm und die Hand liegen auf dem Bauch. Direkt darüber ein großer, tiefschwarzer Fleck. Der Oberarm ist ebenfalls blutverschmiert. Unter der linken Gesichtshälfte breitet sich eine unregelmäßig ausfasernde, schmierig wirkende schwarze Lache aus.*

Paula schiebt in der Wohnung auf der Empore eine hölzerne Straßenwalze umher, sie spielt in dem Terrassengarten mit Steinchen, sie steht auf Rachids Balkon; ich sehe vor allem den Abgrund, in den sie fiele, zwängte sie sich zwischen den Stäben hindurch oder kletterte sie in einer unbeaufsichtigten Sekunde hinüber. Auch der Garten ist nicht gesichert und fällt von Terrasse zu Terrasse hinab und von der letzten zwanzig, dreißig Meter tief auf Felsen. Auch drinnen die Empore mit dem Schreibtisch ist nicht gesichert. Laß sie sich im Spiel eine Sekunde lang selbst vergessen, und sie stürzt, weil ich gerade mit einem der anderen über Kunst quatsche, anstatt auf meine Tochter zu achten, bricht sich die Wirbelsäule, und wir sitzen hier in diesem Bergnest, in Ehden, das nichts mit Eden zu tun hat, eine Sekunde Unaufmerksamkeit, und das ganze Leben ist zerstört ...

*Erst kurz darauf bemerkt man in dem Geflecke aus schwarzen Blutlachen und Kleidern unterhalb der Männerleiche die in halb fötaler Schlafstellung liegende Leiche eines Kindes und am linken unteren Bildrand zwei bloße Füße und nackte, unbehaarte Waden, die am Bildrand in weißem Stoff verschwinden, offenbar die Leiche einer Frau.*

Kassandrablick, heißt es in einem kürzlich gelesenen Artikel über John Irving. Ich erinnere mich in seinem Roman »*Garp*« an die panische Angst, seiner Familie könne etwas zustoßen, die paranoide Züge annimmt. Auch ich höre zum Beispiel im Wald einen Hund heulen, während meine Frau mit unserem spazierengeht. Sofort springt die Katastrophendenkmaschine an, während das Heulen, das in der Realität längst aufgehört hat, in mir weiterhallt: Meine Frau ist die Böschung hinabgefallen, der Hund steht daneben und jault, um nach mir zu rufen, sie hat sich an herumliegenden Ästen aufgespießt oder sie wird gerade von zwei Männern vergewaltigt, während zwei andere den Hund zu Tode quälen, oder umgekehrt – ich sehe es alles so plastisch vor mir, daß ich mir die Frage nach der Wahrscheinlichkeit nicht mehr stelle, sondern das Unwahrscheinlichste eins und eins zusammenzähle. Während ich sitze und starre wie im Kino, ohne eingreifen zu können, kocht der Haß in mir hoch auf die Männer, die diese Scheußlichkeiten begehen, und wenn ich während dieses Wachtraums zufällig auf dem Weg zum Gartentor bin, und jemand kommt auf der Straße vorbei, starre ich ihn mit kaum verhohlenem Haß an und muß an mich halten, nicht hinauszulaufen und ihm an die Gurgel zu gehen ...

*Die verschmierte Blutlache um das Gesicht des Mannes vereinigt sich mit der, die rund um das ausgebreitete blonde Haar des kleinen Mädchens steht. Zwischen den beiden Köpfen liegt etwas Weißes auf dem Boden, das aussieht wie ein Filtereinsatz für Kaffeemaschinen oder eine große Tasse. Da die Leichen nicht so daliegen, als wären sie nach dem Tode bewegt worden, müssen die blutigen Schmierspuren rund um sie einen anderen Grund haben als den, daß Täter, Polizei oder Presse die Körper über den Boden geschleift haben.*

Ich fahre mit dem Auto nach Hause, ein Krankenwagen mit Blaulicht kommt mir entgegen. Wer liegt darin? Meine Tochter natürlich, die einen Unfall hatte, wer sonst. Mit zusammengebissenen Zähnen fahre ich die letzten Kilometer und sehe bereits die Polizeiwagen vor dem Haus, die gaffenden Nachbarn, das rotweiße Absperrband, die Blutspuren auf dem Asphalt, die Kreidezeichnung, den Arzt, der, als er mich sieht, den Kopf schüttelt, mir einen Zettel reicht, den *Totenschein* ... Ich sitze vor dem Fernseher und höre meine Tochter im Schlaf husten. Der Hustenanfall hört auf, und ich sehe mich am nächsten Morgen ihr Zimmer betreten, da ist sie schon blau angelaufen, erstickt an ihrem Husten, und ich, der es hätte verhindern können, bin nicht aufgestanden, weil ich in Ruhe fernsehen wollte, weil ich froh war, sie endlich im Bett zu haben, dabei ahnte ich es doch, hätte nur drei Schritte tun müssen, es ist meine Schuld. Wenn man nur eine Sekunde nachläßt in seiner Aufmerksamkeit, wenn man nur einen Moment lang nicht achtgibt, sich entspannt ...

*Von dem toten kleinen Mädchen sieht man den Hinterkopf, das offenbar gepunktete oder jedenfalls gemusterte weiße Schlafanzugoberteil. Der linke Ellbogen ist so angewinkelt, als hielte das Kind im Schlaf mit beiden Händen ein Kuscheltier oder eine Puppe vor die Brust. Seine Schlafanzughose ist hellgrau, man sieht die linke nackte Wade, und erst ganz zum Schluß entdeckt der Betrachter, daß dort, wo er zunächst nur Kleiderbündel oder womöglich die Bettdecke wahrgenommen hat, auch die beiden in Söckchen steckenden Füße des Kindes liegen. Söckchen, die an der Ferse und an der Spitze Verstärkungen in dunklerer Farbe haben. Der rechte bestrumpfte Fuß des Kindes liegt nur Zentimeter von dem nackten Frauenfuß entfernt, seine Zehen berühren beinahe dessen Sohle. Auf den Ballen fällt Licht, er ist heller als der restliche nach außen gedrehte Fuß und die Wade, die beide – aber vielleicht rührt dieser Eindruck vom Wissen des Betrachters her – unnatürlich steif wirken.*

In solchen Momenten hätte ich am liebsten möglichst viele Kinder, weil ich mir denke, hast du zehn von ihnen und passiert einem oder zweien oder dreien das Entsetzliche, Befürchtete, die Hirnhautentzündung, die Entführung, der Unfall, dann bleiben immer noch neun, acht oder sieben, die dich auffangen. Ganz beruhigt bin ich immer erst am Abend, das Kind schläft friedlich im Bett, der Hund hat seinen letzten Spaziergang hinter sich, wieder ein Tag überstanden, die Tür ist verriegelt ...

Ich reiße mich zusammen und kehre in die Realität zurück: Paula und Abbas spielen mit der Walze, Petra und Leslie plaudern, Rachid photographiert; es herrscht eine himmlische Stille hier oben, eine Atmosphäre tiefen Friedens.

*Der ermordete Mann hat Augen und Mund geschlossen, Licht fällt auf seine Nasenspitze und die eine der beiden von den Nasenflügeln zum Kinn reichenden Furchen, während die andere ein schattiger Strich ist. Der Gesichtsausdruck des Toten ist friedlich wie der eines Schlafenden. Sein Haar ist kurz und schwarz.*

*Die Bildlegende besagt: 1978: Ermordung in Ehden von Tony Frangié und seiner Familie.*

*

**Wir fahren trotz der Verspätung** hinauf zu den Zedern, allesamt in Rachids Pajero gequetscht; hier oben ist der Cadillac fehl am Platze. Rachid ist noch immer sauer, Abbas stichelt, Leslies Limousine sei so viel bequemer als der enge Geländewagen. Rachid zeigt, bis wohin der Schnee noch reichte, vergangene Woche. Majestätisch-mythologische Landschaft, Eindruck von Uralter und Ewigkeit. Ein Dorf unterhalb der Straße krönt einen Felsen, dessen Wände, dem Augenschein nach, sieben-, achthundert Meter tief senkrecht abfallen. Dann taucht rechts unterhalb der Straße Bscharrie auf mit der riesigen, von Oscar Niemeyer erbauten Kirche. Man deutet auf den Berghang jenseits der Schlucht. Irgendwo dort steht das Geburtshaus von Khalil Gibran. Keiner der beiden Schriftsteller legt den geringsten Wert darauf, es zu besuchen. Typisch. Dabei hatte Assaf es uns so sehr ans Herz gelegt, ebenso wie das heilige Tal unten mit den Klöstern. Auch kein Abstecher in den Ort, das kommt davon, wenn man trödelt, entweder Kulturprogramm oder ein warmes Essen, mag Rachid denken, und den andern ist es gleich. Weiter hinauf, zur Grenze des ewigen Schnees, El Artz-Les Cèdres, am Fuß des 3000 Meter hohen Hauptkamms des Mont Liban, 1900 Meter hoch gelegen. Sonne, Hitze und Schnee. (Diesen Kontrast, binnen wenig mehr als einer Stunde aus dem Tal, wo man baden kann, ins Gebirge zum Skifahren zu gelangen, habe ich bislang nur einmal erlebt: 1982 im Frühjahr zwischen Lugano und Splügen.)

Der eingezäunte Zedernhain ist alles, was von den einst das gesamte Gebirge bedeckenden Wäldern geblieben ist. Und einst heißt hier: zu Zeiten des Königs Salomo, der seinen Tempel nicht nur mit libanesischem Zedernholz, sondern auch von libanesischen Architekten erbauen ließ.

Keiner außer mir will zwischen den Zedern umherlaufen, um nicht in dem tiefen Schnee einzusinken, der in der Sonne glitzert. Begnügen uns also mit dem Anblick, auch wenn ich mich fühle wie Moses an der Grenze zum Gelobten Land.

Dabei denke ich an die magische Tripel-Zeder des Freimaurers in Pesselière, unter der er sich hat begraben lassen mit seiner Familie. Dreißig, vierzig Kilometer im Umkreis war sie zu sehen, über das gesamte Kalkplateau des *Forterre* hinweg: die Kathedrale eines aufgeklärten Gläubigen, aufgeladen mit spiritueller Energie. Ich weiß noch, wie ich versuchte, mit ausgestreckten Armen und einem ausgestreckten Bein zwischen den drei Stämmen stehend, sie alle drei zugleich zu berühren, um den spirituellen Stromkreis zu schließen, während ich mit dem anderen Bein zwischen den frischen Kuhfladen balancierte.

Einem Impuls folgend, kaufe ich in einem der Souvenirbüdchen unter der größten, ältesten Zeder eine geschnitzte Madonna. Als ich damit zum Auto zurückkehre, sehen sie mich alle lächelnd an, Abbas, Petra, Leslie, Rachid. Lächelnd, belächelnd.

*

**Auf dem Rückweg** zwischen Cèdres und Bscharrie Stopp bei einer Freundin Rachids, Marie. Ein zweistöckiges Haus, welches das auf der Felskuppe balancierende Dorf hangabwärts und die Schneeberge überblickt, umgeben von Apfelbaumterrassen. Marie ist Volksschullehrerin, mit unkomplizierter, beiläufiger Gastfreundschaft reagiert sie auf den unvorhergesehenen Einbruch von sechs Leuten. Serviert Kaffee, Tee, Obst, sodann einen aus Molke gemachten Quark mit Feigenmarmelade oder Honig. Köstlich und sättigend. Rachid mütterlich: »Iß nicht soviel.« Ich kann seine Sorge nachvollziehen. Sein ganzer schöner Plan ist ihm kaputtgeschlagen worden, wenigstens die Entdeckung der lokalen kulinarischen Spezialitäten will er retten und verhindern, daß wir uns wie die Kinder mit Süßigkeiten vollstopfen und nachher im Restaurant keinen Hunger mehr haben ...

Wir sitzen auf dem großen Balkon in der Sonne. Zum Abschied schenkt Marie uns eine Tüte mit fünfzehn Kilo duftender roter Äpfel aus ihrem Garten. Die werden hier bis auf 1400 Meter angebaut, all die kleinen krüppligen Bäumchen an den Hängen sind Apfelbäume; diese Höhenäpfel sind im ganzen Land gesucht.

*

**Zurück in Ehden** kehren wir in ein unscheinbares Restaurant ein, eine Art Ausflugslokal mit Resopaltischen, laufendem TV. Die üblichen wunderbar frischen überbordenden Mezze und Rohgemüse, dann die lokale Spezialität *Artz-Kebbe* (Zedern-Kebbe). Wirken sehr unappetitlich: hornissennestgroße Bälle aus hauchdünnem Lammhackfleisch, Weizenschrot und Gewürzen (Zimt unter anderem), die, wie ich zum Glück erst später lerne, im Schwanzfett des Fettschwanzschafs gesotten werden. Sie ähneln tatsächlich großen Zedernzapfen, man bricht sie an der Naht in hohle Hälften auseinander, läßt Fleischsaft und grauen Bratsud in bereitgestellte Teller laufen (das erste Mal wird mir bei diesem Anblick fast übel) und ißt sie dann mit der Rohkost, der Minze. Sehr guter feiner Geschmack. Die Fleisch-Schrot-Mischung wird auf zwei metallene Halbkugeln gestrichen, abgezogen, sobald der Teig hält, dann werden die Ränder verkittet, und das Ganze wird gebacken.

Der Lokalpatriot Rachid fragt, wie uns diese Spezialität seiner Heimat munde, und als wir alle beifällig nickend kauen, meint er in einem letzten Aufflammen seines vormittäglichen Unmuts: »Meine Mutter hätte sie noch besser gemacht!« Als niemand widerspricht, blinzelt er mich an und sagt: »Die arabische Literatur wird im Westen boykottiert, so können meine Bücher nie zu Bestsellern werden.« Daraufhin mustert er mich erwartungsvoll.

Und wer veranlasse einen solchen Boykott? frage ich pflichtschuldig.

»Die internationale zionistische Presse natürlich«, antwortet er, als verstehe sich das von selbst.

Damit hat er mich natürlich, und er weiß es, wie ich an den kaum merklich bebenden Mundwinkeln sehe. Ich gebe mich erstaunt, daß ein intelligenter Mensch tatsächlich dergleichen Unsinn glauben könne, frage aber dann mitleidig, ob noch gar keines seiner Bücher übersetzt sei.

»Doch, alle«, antwortet Abbas an seiner Stelle. »In acht Sprachen.«

Rachid grinst sein bescheidenes Krokodilsgrinsen. Zeit für den Gegenangriff: »Warum«, frage ich, »steht und fällt für euch eigentlich alles mit dem Westen, den ihr zugleich für zionistisch unterwandert haltet? Warum ist der Westen der einzige Markt, der euch interessiert, und nicht Arabien mit seinen 300 Millionen Einwohnern?«

»Es gibt überhaupt keinen arabischen Markt«, sagt Rachid wieder ernst, und Abbas fügt hinzu, daß ihre hiesigen Auflagen im allgemeinen für Prosa unter tausend liegen, für Lyrik unter fünfhundert. Der Analphabetismus (angeblich je nach Land bis zu sechzig Prozent), die Armut, die Zensur.

»Die Libanesen sind auch keine Leser«, meint Leslie. »Es wird nicht gelesen hier.«

Ich sage Rachid, daß er eine internationale Leserschaft als Araber ebenso finden könne wie als Chinese, Südamerikaner, Japaner. Die Frage ist lediglich, ob er persönlich derjenige sein wird, der seine Nationalliteratur im Westen populär macht, und das sei reine Glückssache. Die südamerikanische Literatur wurde erst mit García Márquez schick, trotz Asturias, trotz Neruda, trotz Cortázar.

»Womöglich wird für die arabische Welt Elias Khoury diese Rolle übernehmen«, sagt Abbas. »Er hat bereits einen amerikanischen Agenten, wird verfilmt und besitzt mit dem Palästinenserthema einen Stoff, der zieht.«

Rachid rümpft ein wenig die Nase, aber Abbas sagt: »Elias Khoury, *c'est un ami*«, so wie ein Händler im Souk sagen würde: Das ist gute Ware.

Und dann: »Wenn Vorbehalte gegen Araber bestehen, müssen diese zuerst im politisch-gesellschaftlichen Dialog gelöst werden, bevor die arabische Literatur anerkannt wird.«

Ich: »Dann wären die Literaten aber doch wieder Repräsentanten ihres Landes.«

Rachid: »Ich will aber nicht politisches Sprachrohr meines Landes sein, sondern als Künstler anerkannt werden in eigener Sache. Ich verlange und erwarte, daß die arabische Literatur als solche die gleiche Achtung genießt wie andere Nationalliteraturen und ich nach meinem individuellen Maßstab gemessen werde!«

Zum Abschied betrachten wir den Sonnenuntergang von Rachids Balkon und seiner Terrasse. Rachid schwärmt von der Aussicht, »der schönsten der Welt«.

»Nun sagt mir doch auch, daß ihr eine solche Aussicht noch nie gesehen habt, daß sie einzigartig ist. Stimmt es etwa nicht? Sag, Michael, hast du jemals in deinem Leben eine solche Aussicht gesehen?«

Auf der Rückfahrt sind wir alle müde, Paula schläft auf der Sofarückbank des Cadillac. Kurz vor der Ankunft in Beirut ruft Rachid noch mal übers Handy an und fragt fürsorglich, ob wir gut in die Ebene hinab und zurück auf die Küstenstraße gekommen seien. Abbas kräht in Leslies *cellulaire*: »Dein Auto ist häßlich! Die Aussicht von deinem Balkon ist langweilig!«

*

**Fahrt nach Baalbek** mit Nasim, einem übers Goethe-Institut vermittelten Taxifahrer, in seinem asthmatischen Mercedes 200 von 1975. Autobahn bis hinauf auf die Libanonkette – gänzlich andere Landschaft als im Norden Richtung Ehden: kahl, Geröll, wenig Bäume, dann auf gut ausgebauter breiter Straße in weitgeschwungenen Serpentinen hinunter. Grandiose Aussicht auf die fruchtbare, grüne, in Dunst und Sonnenglast vibrierende Ebene der Bekaa mit dem schneebedeckten Antilibanon und Hermon im Hintergrund – Erinnerung wiederum an Rom, diesmal an den Vorfrühlingsspaziergang zum Lago di Nemi hinab: *Das Land, wo die Zitronen blühn.*

Kaffeepause in Chtaura, zu der wir Nasim, der im Auto bleiben will, einladen. Sind es einfach nicht gewohnt, wie die Herren zu agieren. Weiter nach Zahle, wo der Ksara-Wein bis in die Vorstadt, zwischen die Garagen und Bauhöfe, angebaut wird. Von dort über eine Stunde auf der Hauptstraße durch die Ebene. Die Ortschaften, durch die wir fahren, ähneln Westernstädten, bestehen aus nur einer Häuserzeile, dahinter Leere. Rohbeton mit Garagenziehtoren, darin Werkstätten, davor Obstkisten, Autoreifen. Ständige Straßenkontrollen, größtenteils Syrer (mit abblätternden Assad-Postern an den Wachhäuschen). Ich frage Abbas ein paar Tage später, warum die Intellektuellen nicht wenigstens versuchen, einen Abzug der Syrer zu fordern. Abbas achselzuckend: Die Syrer betrachten die Bekaa historisch als syrisch, und viele der libanesischen Intellektuellen seien ohnehin prosyrisch.

Viele Ayatollah-Poster an den Häusern, Neubaumoscheen.

In Richtung Norden versteppt die Ebene langsam. Aus UNO- und Armeesäcken genähte große Jurten am Straßenrand mit rauchenden Ofenrohren, die aus der Zelthaut ragen, laut Nasim ziehendes Volk. Mit gerümpfter Nase sagt er: »Das sind keine Libanesen, die kommen nicht von hier, das sind Kurden oder Zigeuner ...« Laut Reiseführer beherbergen die Zelte halbnomadische Schäfer, von denen tatsächlich mehr und mehr zu sehen sind. Mit vielleicht je fünfzig langhaarigen Schafen, einigen Ziegen, einem Esel, einem Hund wandern sie langsam über die Steppe. Am Straßenrand ein erschütternder Anblick (Warum eigentlich? Nur aufgrund der gefallenen Größe?): ein Pferdekadaver, mit schlaffem gebogenem Hals und aus dem aufgerissenen After quellenden violettjadegrünen Eingeweiden. Erinnerung an das obsessiv wiederkehrende Bild aus »La Route des Flandres«. Die Realität bekommt zusätzliche Dichte (eine Art zweite, festere Haut), wenn sie durch die Literatur Beglaubigung erfährt.

Das Gegenstück zu dieser Erfahrung widerfährt mir zum Beispiel beim Spazierengehen im Wald, wenn ich die hell sich abhebende Leere zwischen zwei Bäumen plötzlich als ein Tier sehe, das mir den Weg versperrt, oder einen schräg stehenden Baumstamm mit hängendem Laub zunächst und aus der Ferne als übergroßen Wanderer mit Kapuze wahrnehme.

Die nie zuvor erblickte Form nämlich stellt die Sinne vor derartige Rätsel, daß sie ihre Meldungen häufig anhand von vorgefertigten, präetablierten Wertigkeiten erstellen und nicht anhand des ihnen offenbar Nichtssagenden, das sie aufnehmen. Was wir also in einem ersten Moment wahrnehmen, ist nicht das objektiv Vorhandene (oder Nicht-

Vorhandene), sondern eine in aller Eile zusammengesetzte Bild- oder Klangfigur, von der unsere Sinne mit Fug und Recht (nämlich aus Erfahrung) annehmen dürfen, sie rufe in der gegebenen Situation Emotionen bzw. ein Wiedererkennen in uns hervor.

Baalbek erinnert vage an eine Westernstadt vor dem Showdown: Tombstone ... Sehr fremd. Niedrige barackenartige Bauten, auf den Hinweistafeln, Straßenschildern, Leuchtreklamen nur arabische Schrift. Aber dann zwischen den Fassaden ein grandioses Bild: hoch aufragend die sechs Säulen des Jupitertempels vor dem wolkenlos blauen Himmel und der Schneekuppe des Libanon-Hauptkamms.

Vor dem Eingang zum Tempelbezirk Touristenfalle mit Souvenirverkäufern (Echt phönizische Münzen!) und Kameltreibern. Nasim sagt, er warte hier auf uns, bis wir fertig seien, geleitet uns noch zum Eingang.

Beeindruckt von der Größe und Majestät der Anlage, zu der mir das Hadrianbuch Yourcenars den emotionalen Schlüssel liefert. Die sechs Säulen des Jupitertempels gegen den blauen Himmel symbolisieren das Überwältigende und das Entfernte der antiken Größe überzeugender als der fast intakte Bacchustempel, der schon beinahe wie eine Hollywoodkulisse wirkt, wie Pappmaché und dessen Stein man berühren muß, um zu begreifen, daß man es mit »der Wirklichkeit« zu tun hat. Die winzige, ameisenhafte Paula inmitten dieser Steinblöcke, gegen diese umgestürzten, sie um ein Vielfaches überragenden Säulenquerschnitte, vor den gigantischen, als Wasserspeier dienenden Löwenhäuptern, als Punkt auf der monumentalen Treppe im Bacchustempel, als dreijähriges quecksilbriges Wunder in diesem zweitausend Jahre alten steinernen Wundergarten.

»Aux portes de Balbec repose
Parmi les fleurs un bel enfant«

Unser Cicerone zeigt uns die leeren Flächen an den Mauern des Tempels, von denen die Engländer 1919, um die Erinnerung an ihn zu tilgen, den Namen Kaiser Wilhelms II. abkratzen und -meißeln ließen, der als erster Europäer Geld für die Restaurierung gespendet hatte. Das archäologische Museum unter dem Tempel ist aber dennoch von der Deutschen Archäologischen Gesellschaft gestiftet worden und wird von ihr geleitet.

*

**Mit Nasims Hilfe** entkommen wir den Souvenirverkäufern im Taxi zum Hotel Palmyra. Beim Überschreiten der Schwelle Zeitenwechsel: Hätte Wim Wenders »Der Stand der Dinge« nicht als Hommage an John Ford, sondern als eine an den Jean Renoir von »La règle du jeu« gedacht, er hätte seinen Film hier drehen können. Es ist, als müsse wie in Fellinis »Roma« durch den Luftzug unseres Eintretens alles in dieser klammen Katakombendüsternis verblassen, zerbröckeln, vergehen. In der Lobby der abblätternde Luxus der Mandatszeit (wenn nicht der osmanischen), nie renoviert; selbst die Kellner scheinen noch aus jener Epoche zu stammen, alte, pergamentene Männer mit gestärkten Kragen, die bei der geringsten Berührung wie Zunder zu zerfallen drohen. *Atmosphère feutrée*: alles ist gedämpft, als wäre das Hotel mit Kork ausgelegt. An den Wänden der Lobby hängen signierte Photos von Barrault, Cocteau (mit unvermeidlichem Gedichtchen), Ella Fitzgerald, de Gaulle, Wilhelm Kempff.

Vom Eingang schon zu sehen: Eine riesige Gruppe wartet aufs Essen, fünf sonnenbebrillte Bodyguards mit Knopf im Ohr und der üblichen Kleidung (blauer Einreiher, weißes Hemd, schwarze Krawatte) durchmessen wie eingesperrte Panther den Raum der Länge nach, hin und her, und starren die Eintretenden auf schon nicht mehr höflich zu nennende Weise an. Im Speisesaal sind für die Gruppe rund siebzig Gedecke in U-Form vorbereitet. Für uns übrige Gäste (Nasim ist bei uns) bleiben Tische an der Wand.

Drogenbarone, flüstere ich Petra zu. Das Getuschel hinter Sonnenbrillen, die aufgetakelten, sich langweilenden Frauen, die unterwürfige Höflichkeit gegenüber den Chefs. Schließlich wurde auf der Bekaa lange genug Haschisch angebaut, und ich erinnere mich an die Anekdote aus der Kriegszeit, als hier angeblich einmal die Woche ein israelischer Militärhubschrauber landete, mit Drogen vollgeladen wurde und direkt nach Israel zurückflog.

Als wir aus dem Palmyra hinaustreten und das Taxi besteigen, deute ich hinter uns und sage zu Nasim: »Drogenbarone, hm?«

Nein, sagt er höflich, es habe sich um ein Festessen zu Ehren des japanischen Botschafters gehandelt in Gegenwart mehrerer hochrangiger libanesischer Politiker.

*

**Ortsnamen: der Name**. Während der Fahrt bringt das auf einem Straßenschild erblickte Wort »Balbec« plötzlich das Figur-Grund-Verhältnis meiner Wahrnehmung zum Kippen, und ich gerate in ein sprachliches Vexierbild: Baalbek – Balbec – Baalbek – Balbec. Vor meinen Augen einmal das versteppte Wüstenpanorama der Bekaa-Ebene, dann wieder die verregnete Salzluft der normannischen Küste bei Cabourg. Die Bilder meiner eigenen Augen, dann die Bilder Prousts, unter dessen Hirnschale ich die letzten Monate verbrachte. Ubiquität, wie nur die literarische Beschwörung von Namen sie ermöglicht; zwei Reisen, zwei Fahrten, zwei Leben innerhalb derselben Sekunden, Minuten. Römische Antike im sonnengleißenden arabischen Hochtal, *jeunes filles au bord de la mer* am Ende der schnurgeraden Straße, wo die Luftspiegelungen kleine blaugraue Kabbelwellen schlagen.

*

**Wir drei gehen**, aus Richtung Innenstadt kommend, die Rue Hamra entlang und wollen gerade rechts abbiegen, um zum Hotel zu gelangen, da kommt uns ein Einbeiniger entgegengehumpelt. Ein junger Mann, kaum dreißig, an zwei altertümlichen Holzkrücken, das unnötige Hosenbein ist so kurz wie der Stumpf, hört also auf halber Schenkelhöhe auf. Paula bleibt stehen, wir auch, sie starrt den Mann an, folgt ihm mit den Augen, die besorgt an seinem Körper hinauf- und hinabwandern, dann dreht sie sich, als er vorüber ist, um und starrt ihm nach, wie er die Hamra hinauf außer Sicht gerät. Dann der Blick auf uns: beklommen. Ich spüre, daß dies ein wichtiger Augenblick ist für sie und daß es nicht angeht, das Eindeutige hinwegreden zu wollen. Ihre großen Augen, ihr bestürzter Ton: »Papa, wo ist das Bein von dem Mann?« Ich glaube, sie sieht zum ersten Mal, daß einem Menschen etwas fehlen kann, das zu ihm gehört, es muß einer der ersten Risse in ihrem runden Weltbild sein, der erste zumindest, den ich bemerke.

Bei uns würde man tippen: Motorradunfall, aber bei uns trügen die meisten Unfallopfer eine Prothese. Hier kann es auch der Krieg gewesen sein. Der aber führte als Erklärung zu weit.

Drängender: »Papa, wo ist das Bein von dem Mann??«

Ich erzähle etwas von einem Unfall und daß dergleichen passieren könne, den Mann aber, wie sie wohl gesehen habe, nicht am Weiterleben und Weitergehen hindere.

Bereits ein wenig schrill: »Aber wo ist das Bein?«

Ich glaube zu verstehen: Das Problem besteht momentan offenbar gar nicht darin, daß das Bein sich nicht an der vorgesehenen Stelle befindet, sondern daß es überhaupt nicht vorhanden ist. Trüge er es über der Schulter mit sich, wäre ihre Bestürzung vielleicht geringer ...

In meiner Hilflosigkeit werde ich brutal: Unfall, Bein kaputt, Krankenhaus, abgeschnitten.

Es nützt nichts: »Ja, aber WO IST DAS BEIN?«

Schließlich erkenne ich resigniert an, daß alle Erklärungen fehl am Platze sind, es ist eben weg, das Bein, und daß dieses Bild vom Einbeinigen zu den Bildern gehört, die sich einnisten, einkapseln werden in Paulas Erinnerung und dort überwintern.

Glück im Unglück: Während sie dem Einbeinigen noch hinterherblickt, fährt, ohne daß sie es bemerkt, dicht bei uns ein lebender Torso auf seinem wie ein Knochenwagen klappernden Rollwägelchen übers Trottoir, in beiden schmutzigschwarzen Händen die kleinen Bügeleisen gleichenden Gewichte, die, soweit ich weiß, ebenso zum Anschieben wie zum Bremsen dienen.

Noch zwei, noch drei Tage später unvermittelt die Frage: »Papa, wo ist das Bein von dem Mann?«

*

**Die erste gemeinsame Lesung** in dem im Keller liegenden häßlichen Saal des Goethe-Instituts ist eine Katastrophe. Leslie sagt: »Hier im Libanon mußt du dir dein Publikum selbst mitbringen, außer den Freunden, die du einlädst, kommt nie jemand.« Eine Frau spielt ein dünnes Liedchen auf einer Art Zither. Herr Assaf, über dessen Wahl als Moderator Abbas im Vorfeld auf ungewohnt heftige Weise geflucht hat (»Er hat erzählt, ich gehörte zu einer poetischen Gruppe, die vor fünfzig Jahren existiert hat, und schriebe auf französisch, und du seist Lyriker«), hält eine Einführung, bei der sich mir die Nackenhaare aufstellen: »Der Repräsentant Deutschlands und der der arabischen Kultur sind heute abend bei uns, um über den Weltfrieden zu sprechen.«

Hinterher trinken wir noch einen Absacker im Hotel-Pub und beginnen eine endlose, sich im Kreise drehende Literaturdiskussion: Was ist libanesische Literatur, was ist arabische Literatur: auf arabisch geschriebene oder orientalische Themen behandelnde? Was ist das Kriterium für eine Nationalliteratur? Rachid sagt: die Thematik. Iskandar: der Stoffkreis. Abbas widerspricht: ausschließlich die Sprache. Ich frage nach Amin Maalouf, der den Goncourt-Preis bekommen hat. Ob man darauf hierzulande nicht stolz sei? Iskandar winkt ab: Der schreibe in einem völlig sterilen Französisch des 19. Jahrhunderts, gelernt auf einer christlichen Schule in Beirut, und habe überhaupt nichts zur Literatur, das heißt zur Erneuerung der Sprache beigesteuert, nichts zur französischen und natürlich erst recht nichts zur arabischen.

Das Kriterium des guten Schriftstellers, das alle drei verfechten, ist der linguistische Fortschritt, den seine Muttersprache durch sein Werk nimmt. Eine beeindruckende Position. (Petra hat genug von unserem Geschwätz und geht ins Bett, auch Leslie verabschiedet sich.) *Apporter quelque chose à sa langue.*

Nach der Rückkehr aus dem Libanon benutze ich, wie so oft, dieses aufgeschnappte Argument als eigenes, um zu sehen, ob es trägt. Ein Kollege, mit dem ich darüber diskutiere, sagt, sprachliches Neuland gewinnen sei ein legitimes, aber keineswegs das einzige Ziel eines avancierten Literaten: ebenso legitim sei es, auf hohem Niveau zu unterhalten, Geschichten zu erzählen, interessante Gedanken in Sprache und Handlung zu übertragen, spannende Bücher für anspruchsvolle Leser zu schreiben.

Aber ob das eine oder das andere, alle scheinen zu wissen, warum und mit welchem Ziel sie schreiben. Und ich? Warum schreibe ich eigentlich?

Ich glaube, ich schreibe, um einen Körper zu haben.

Das hört sich an wie von einem dieser Philosophen, die ich nie gelesen habe. Was meine ich damit?

Ich meine, daß meine Sprache (heute als Erwachsener: meine zu Texten strukturierten Wörter) das ist, womit ich in der Welt stehe und wodurch ich mir selbst eine Daseinsberechtigung zugestehe. Mein Körper ist also ein *Textkörper*.

Soweit ich mich erinnern kann, war es ab meinem achten oder neunten Lebensjahr, daß mir sowohl im Elternhaus als auch außerhalb die Einheit meines Selbstbilds und meiner Lebenswirklichkeit abhanden kam und ich die Erfahrung machte, den Anforderungen des Lebens an meinen Körper und mein Hirn, das ja auch zum Körper gehört, nicht zu genügen. Zugleich wuchs das Rettende auch, nämlich die

Entdeckung, daß meine Sprache ein Machtinstrument und ein Manipulationsinstrument sein konnte, das dazu taugte, die übrige Welt von meinem körperlichen Unvermögen abzulenken, ihr meinen Willen aufzuzwingen, und wo all dies nicht möglich war, aus ihr zu verschwinden.

Nie aber habe ich, die Sprache als Körperersatz, als Prothese benutzend, das Gefühl verloren, im Grunde ein Hochstapler, ein Betrüger zu sein, der sein Leben lang über das Fehlen des Eigentlichen, des Wesentlichen in ihm hinwegzutäuschen versucht. Denn gerade weil ich mit meiner Sprache Fakten, Tatsachen zu manipulieren vermochte, wurden mir diese Fakten zum Gesetz und ich ihnen hörig. Daher habe ich die Sprache, mein Überlebensmittel, meine einzige Waffe, immer auch ein wenig verachtet und bin ihr mißtrauisch gegenübergestanden.

Da das Schreiben für mich keine Beschäftigung darstellt, die ich frei gewählt habe, sondern meine einzige Möglichkeit, in der Welt zu stehen (jedoch auf eine Weise, die ich selbst zur Hälfte mißbillige, da ich mich schreibend, spielend zugleich aus ihr davonstehle), muß jeder zu Ende gebrachte Text, jedes Buch, den anderen apportiert werden, in der Hoffnung auf ein Zuckerchen, eine Bestätigung, die nicht meiner Arbeit gilt, sondern meine Existenz rechtfertigt, wobei ich diese Lebensrechtfertigung im Grunde für erschlichen erachte und in der ständigen Furcht lebe, ertappt zu werden als jemand, der nur spielt, er sei ein Künstler, in einer Welt professioneller und gelernter Künstler.

Die unschöne Konsequenz dieser Überzeugung ist der Glaube, jedermann, der meine Texte angreift und kritisiert, wolle mir mein Existenzrecht entziehen. »Er schreibt schlecht« lese ich wie: »Er hat kein Recht zu leben.« Daher mein persönlicher Haß auf Kritiker, der sich als eine Art von Selbsterhaltungstrieb bis zu Mordvisionen zu steigern vermag, die mir alle, lasse ich sie vor meinem inneren Auge ablaufen, um sie zu bannen, wie Akte legitimer Notwehr erscheinen.

Daher aber auch meine Faszination für das »autonome« Kunstwerk, das als Sprachgebäude für sich selbst steht, nichts beweisen will außer sich selbst, das nicht mehr mein Leben verbessern, komplettieren, ermöglichen soll, das ich freigelassen habe und das dementsprechend auch mich freiläßt.

*

**Rachid erzählt**, wie er 1989 am Stadtrand von Beirut bei einer Bombenexplosion schwer verletzt wurde. Nervenstränge in der Wange und am Hals waren durchtrennt. Er lag auf der Straße, bei Bewußtsein, blutend, die Schmerzen steigerten sich immer weiter, ins Unermeßliche; erst dann wurde er ohnmächtig. Solange er wach war, kam niemand, ihm zu helfen. Wie er ins Krankenhaus gekommen ist, weiß er nicht. Wer seiner Mutter Bescheid sagte, auch nicht. Als er wieder zu Bewußtsein kam, war sie da, an seinem Bett, die Analphabetin aus dem Dorf in den Bergen bei Tripoli (wie war sie in den Kriegswirren nach Beirut gelangt?), und pflegte ihn, hielt ihm die Bettpfanne unter den Leib, zog sie heraus, reinigte sie ...

»Das hätte eine Frau nicht getan«, erklärt Rachid und geht davon aus, daß ich verstehe, was er in diesem Moment mit »eine Frau« meint.

Ich erzähle, daß die Liebe zu Petra auch mit einer Rekonvaleszenz begann: Ich, auf der Durchreise mit einem rebellischen Weisheitszahn, durfte mich nach der Operation in ihrer Wohnung von den Schmerzen und der Betäubung erholen. Dort, in meinem leicht fiebrigen, erschöpften, selbstmitleidigen Dämmer, verliebte ich mich in die Abwesende aufgrund des Gefühls tiefer Geborgenheit, das ich in ihren vier Wänden verspürte.

»Ja«, sagt Rachid, »aber es gibt noble und niedrige Krankheiten. Zahnschmerzen sind nobel, mit Zahnschmerzen kann eine Frau einen lieben, Durchfall ist niedrig, wenn du Durchfall hast, verliebt sich keine Frau in dich, da kommt nur eine dir helfen, deine Mutter.«

Im Krankenhaus hatte ein Arzt ihm gesagt, wenn er jemals wieder normal leben wolle, ohne Lähmungen und lebenslange Schmerzen, müsse er ins Hôpital St. Antoine in Paris, wo eine neuartige Operation praktiziert werde. Mit Hilfe seiner Exfrau gelangte er nach Paris, wo ihm Nervenstränge aus dem Bein (das seither temperaturempfindlich ist) in Gesicht und Hals transplantiert wurden.

Seither: »*La réalité est un terrain mouvant*« – Die Realität ist Treibsand. Er glaubt an nichts mehr, an keine Ideologie; er war ja Mitglied der Kommunistischen Partei. Seit dem Krieg glaubt er, sagt Rachid, nicht einmal mehr an die Ratio:

»Sie ist ebensosehr eine Ideologie wie die Religion!«

*

**Dieser Krieg**, nehme ich alles zusammen, was ich darüber erfuhr (und die Geschichte jedes Menschen, den ich im Libanon treffe, ist die Geschichte dieses Kriegs, der Karte, die er in seine Haut, in sein Fleisch eingebrannt hat), war kein Krieg, wie wir ihn kennen und uns vorstellen, das heißt einer, in dem es zumindest eine Frontlinie gibt, diesseits derer »wir«, jenseits derer »der Feind« steht, sondern eine Art fünfzehn Jahre dauernder Blutrausch, ein kollektives Massenbesäufnis mit Exzessen der Brutalität, eine mörderische Orgie, in der alle menschlichen Hemmungen fallen, in der nicht mehr das Bewußtsein regiert, und am nächsten Morgen wachen alle Beteiligten mit einem fürchterlichen Kater auf und blicken aus roten Augen entsetzt auf das, was sie angerichtet haben, ohne wirklich zu verstehen, wie es dazu hat kommen können, ohne zu verstehen, wann genau in dieser Nacht sie den Verstand verloren haben und warum er ihnen jetzt wieder zur Verfügung steht. Sie stehen da und sehen, außer Tod und Zerstörung und Gemetzel hat sich nichts geändert, und mit leisem Grauen vor sich selbst, mit Mißtrauen und Erleichterung und vor allem dem Gefühl völliger Irrealität beginnen sie, die Trümmer und Leichen beiseite zu räumen und tastend dort fortzufahren, wo sie sich seinerzeit, gestern abend, vor fünfzehn Jahren unterbrochen hatten ...

*

**Abbas lädt ins Restaurant** Abdel Wahab in der gleichnamigen Straße des noblen Ostbeiruter Viertels Achrafieh ein. Schriftsteller, Kritiker, Verleger. Während gegenüber einer über die moderne arabische Prosa doziert, befragt mein Nachbar zur Rechten mich über die deutsche Literatur nach Grass, die hier wie überall vollkommen unbekannt ist. Auch Grass selbst, scheint mir, ist, abgesehen von der *Blechtrommel*, mehr eine Chiffre, ein Symbol, als ein Autor, den man tatsächlich liest. Die deutschen Philosophen bis hin zu Habermas haben es leichter, übersetzt zu werden, als die

Romanciers, auch mancher Lyriker übrigens: Enzensberger kennt man von seinen Auftritten. Von links schnappe ich Bruchstücke aus der Unterhaltung zwischen Leslie und Petra auf.

»... Doch, es ist ein wenig einsam, das Leben hier ...«

»... Ja, kaum eine Freundin ...«

All diese Diskussionen über die Literatur sind wie Hammerschläge auf den Amboß meiner künstlerischen Selbstreflexion: Was ist MEINE Wahrheit?

»... Wenn du dich in Intellektuellenkreisen bewegst, bist du nur von Männern umgeben ...«

Es ist so deutlich, daß der Bürgerkrieg DIE große Lebenstatsache aller dieser Autoren ist und daß er ihr Schreiben konditioniert, stilistisch-ästhetisch mehr noch als thematisch.

»... Seitdem er nicht mehr da ist ...«

»... Allein schon, um die Miete und das Schulgeld zu bezahlen ...«

Was heißt das für mich als 1959 in der BRD Geborenen? Daß ich, wenn ich zu mir selbst, meinem Ausdruck, meinem Thema finden will, rigoros Privatleben erzählen muß?

»... Der Vertrag hier läuft nur fünf Jahre lang ...«

Denn ist es nicht so, daß ALLES, was jemand meines Alters und Kulturkreises an Entscheidungen gefällt hat, an seelischen Erschütterungen erlebt hat, Privates gewesen ist, daß alles, was ich erlebt habe, Privatleben gewesen ist und daß die Beben der Weltgeschichte vielleicht auf eine theoretische und indirekte Art meinen Lebenskontext verändert und beeinflußt haben, aber nie auf eine Weise, die mein inneres Leben, mein Seelenleben berührt hat, den Bereich, wo die Lebensentscheidungen gefällt werden, wo über

Glück und Unglück, Hoffnung und Hoffnungslosigkeit, Leben und Tod entschieden wird?

»... Im deutschen akademischen Milieu Fuß fassen, nach so langer Zeit? Hoffnungslos! ...«

Ist es so, daß auf die gleiche Art, wie diesen Libanesen die Kriegserfahrung ins Fleisch geschrieben ist, deren Absurdität eine neue Ästhetik verlangt, meinesgleichen die Erfahrung allumfassenden Privatlebens verbindet, die ihrerseits einen eigenen Ausdruck, eine eigene Form braucht?

»... Sie erträgt es nicht, wenn ich abends ausgehe. Sie glaubt nicht, wenn ich ihr sage, daß ich bestimmt zurückkomme ...«

»... Ja, er hat auch gesagt, er wäre bald wieder da, und dann sein Versprechen nicht gehalten ...«

Und ist es überhaupt an mir, solches Neuland zu schaffen, oder bin ich von meiner ganzen Anlage her eher jemand, dessen elitäre Rückzugsgefechte auch sprachlich konservativ sein MÜSSEN?

»... Den schätze ich als Freund, er ist es, der mehr will. Ich glaube nicht, daß ich ihm sein könnte, was er braucht ...«

Später erklärt Petra mir diese »typisch weibliche« Wendung Leslies, als sie von jenem Freund erzählte. Anstatt zu sagen (und zu denken): »Ich finde ihn nicht attraktiv als Mann«, dreht sie die Situation gegen sich selbst mit einem: »Ich glaube nicht, daß ich ihm sein könnte, was er braucht.«

Ich muß an den Satz einer französischen Freundin denken vom »*don de soi*«, der liebende Frauen kennzeichne, der Gabe (Übergabe, Hingabe) ihres Ichs, der Männer nicht fähig seien und die ein Prinzip sei, das sie gar nicht verstehen oder nachvollziehen könnten, weswegen man ihnen diesen Mangel auch nicht zum Vorwurf machen dürfe. In eine ähnliche Kerbe haut der Satz einer ernüchterten Liebenden in einem kürzlich gesehenen Film: »Aber ich habe mich dir doch zum Geschenk gemacht!«

Stimmt das so? Don de soi? Wem würde ICH meine Seele opfern? Dem Glück des geliebten Menschen oder dem geglückten Satz?

Paula malt kleine Kritzelbilder für jedermann am Tisch, geht dann herum und verteilt sie. Ich achte eifersüchtig darauf, daß jeder seines einsteckt und mitnimmt und nicht etwa achtlos liegenläßt, was ich als Affront empfände. Sehe Tage danach mit Freuden, daß bei Rachid auf dem Schreibtisch Paulas für ihn gemalte Zeichnungen liegen.

Abends spät um kurz vor eins fährt das Taxi vor und bringt uns zum Flughafen. Die Sperre ist gleich am Ende der Eingangshalle, der Moment des Abschieds von Petra und Paula kommt also unerwartet rasch. Mit demselben Taxi, das wegen des Parkverbots Runden gedreht und mir eine Viertelstunde zugestanden hat, zurück in die Stadt und zum Hotel.

Folgt ein seltsamer Tage voller Stille und Leere nach der Abreise der beiden Frauen. Ich kann mit der Zeit und »Freiheit« zum Arbeiten rein gar nichts anfangen, das Geräuschvakuum ohne Kindergeschrei und -geplapper lähmt mich. Keine Lust mehr, in »unser« Café am Meer zu gehen. Sitze statt dessen im Webcafé. Seltsam die Rapmusik und die verschleierten Frauen vor den Bildschirmen. Auch Soldaten in Uniform. Der junge Mann, der sich um den Laden kümmert, radebrecht Englisch, spielt, hektisch die Klaviatur bearbeitend, an seinem Bildschirm, wenn nichts zu tun ist. »Café« ein etwas übertriebenes Wort, es gibt lediglich Pepsi und Energiedrinks, die man sich aus einem Spender ziehen kann. Globalisierung *en marche*.

*

**Zur Lesung nach Antelias**, einem christlichen Vorort Beiruts im Norden auf halber Strecke nach Jounieh. Das gesamte Kulturzentrum, der Vortragssaal mit rundem hellgebeiztem Tisch, wirken wie die lokale Parteizentrale der KPdSU irgendwo in der sibirischen Provinz in den fünfziger Jahren. Herr Assaf wird diesmal von seiner Frau begleitet, die Abbas im Gegensatz zu ihrem Mann sehr beeindruckt: ihre Haltung, ihre Augen, ihr Blick, wie und was sie spricht. Die beiden ein altgewordenes Liebespaar, Philemon und Baucis, das gemeinsam fünfzehn schwere Jahre überstanden hat – eine Behutsamkeit in den Gesten, eine zärtliche Besorgtheit in den Blicken öffnen der Vorstellungskraft weite Räume: wie Assaf, mit seinem Auto aus Jounieh kommend, täglich vom Panzerwagen über die Greenline gebracht wurde in den heißen Phasen des Kriegs, um hinüber in den moslemisch kontrollierten Westen zu gelangen (er, der maronitische Christ), bis zum Goethe-Institut, das dank ihm als einziges westliches Kulturinstitut geöffnet blieb alle fünfzehn Kriegsjahre hindurch, auch als die Zentrale längst alle deutschen Mitarbeiter aus Sicherheitsgründen abgezogen hatte und die »Eingeborenen« sich selbst überließ.

Seine Poesie (ich habe ein Bändchen bekommen) ist altertümlich, blumig, an Gibran, seinen Meister (den seine Frau übersetzt hat), angelehnt, die letzten einhundert Jahre lyrischer Entwicklung verschlafen habend, christlich-gläubig, zutiefst naiv-kindlich, aber auch wieder männlich in ihrer eselssturen Hoffnung und irgendwie anrührend durch spürbare Ehrlichkeit – und also? Was heißt das? Ist er kein Künstler? Ein schlechter? Ich bin hin- und hergerissen. Sosehr ich selbst an das Wort glaube und es anbete, so genau weiß ich doch, daß es Wahrheiten und eine Legitimität JENSEITS der Kunst gibt – und ein Leben! Anderes zu behaupten oder zu denken, wie manche Kollegen, ist Arroganz und Blindheit, die auf die eigene Produktion zurückschlägt.

Ich studiere lange Assafs altes, gezeichnetes, müdes, gütiges, hoffnungsvolles, enthusiastisches, diszipliniertes Gesicht mit dem schönen dichten weißen Haar, dem kräftigen Kinn und den dunklen Hautpartien unter den Augen: Es sind Jaakobs »Drüsenzartheiten«! Immer fand ich dieses Thomas-Mannsche Wort ein ungeheuer evokatives Leitmotiv, auch wenn ich jene Drüsenzartheiten nicht wirklich *sah*, mir nicht ganz exakt vorstellen konnte, welche morphologische Beschaffenheit und Besonderheit nun darunter zu verstehen sei. Jetzt ist es mir klar: Diese zunächst wie beschattet, dann wie mit Kohlestift bemalt wirkende, erst dann als eine nicht nur in ihrer Farbe, sondern vor allem in ihrer Struktur und Konsistenz veränderte Hautpartie erkennbare Fläche, dieses Nachdunkeln wie von Fleisch, das zu lange an der Luft gelegen hat, diese Häufung von Alterspigmenten, dieses wie fadenscheiniger Tweed aussehende, dieses an ein welkes, getrocknetes Eichenblatt erinnernde Gewebe, diese mikroskopischen tektonischen Verwerfungen in Berggürtel und tiefe Täler, diese Kalke, Dolomite und Mergel aus Haut, dies alles sind Drüsenzartheiten wie die des weichen und sentimentalischen Patriarchen aus dem Josephs-Roman.

Neben ihm seine Frau mit dem langen, mädchenhaft offen getragenen, doch grauen Haar – diese höchst eigentümliche, höchst verwirrende Mischung aus erfahrungsschwerem, leidgeprüftem Alter und füllenartiger Jungmädchenunschuld – in ihren gemeinsamen Büchern sind Photos von früher, als er ein orientalischer Beau war, aussah wie der junge Omar Sharif, als er Pan war, feurig und schwarzgelockt, wild, ein Held aus 1001 Nacht, und sie wie ein Kind wirkte, ein ganz junges, blondes, mondblasses Mädchen, das er entführt hatte – Europa auf dem Stier – oder besser, denn sie ist alles andere als einfältig: das ihn glauben gemacht hat, er habe es entführt, während in Wirklichkeit alle Initiative von ihr ausging.

War es so? Elias Canetti rät: Am besten bricht man die Niederschrift der Reiseaufzeichnungen dort ab, wo ihre Verlockung zu einem neuen Werk dringlich zu werden beginnt.

*

**Nach der Rückkehr** eine rührende bezeichnende Geste von Abbas: Er sagt, er müsse noch arbeiten, aber da er nicht möchte, daß ich den restlichen Abend alleine verbringen muß, ruft er Rachid an und bittet ihn, mir Gesellschaft zu leisten. Rachid antwortet kommentarlos, er sei in einer Viertelstunde im Hotel Mayflower. Das in Deutschland ...

Rachid lädt mich zu sich nach Hause in seine Wohnung ein, improvisiert ein kaltes Abendessen. Wir trinken Wein, diskutieren unter anderem über die literarische Moderne. Er schockiert mich mit einem Satz über *Barfuß*: »*Le cinéma n'existe pas dans ton récit*«, womit er meint, daß der Stil, die Art der Beschreibung, der Rhythmus dieser Novelle nicht dem Rhythmus und der Schnittechnik des Films geschuldet sei. Obwohl ja moderne Medien eine Rolle darin spielen, wenn auch keine entscheidende. Immer geneigt zu glauben, ich müsse etwas falsch gemacht haben, gebe ich ihm erstaunt recht, und erst viel später fällt mir ein, was ich damals eigentlich wollte, als ich das Buch schrieb: eine extrem feste und kleistsche Statik, um die wahnwitzigen Fliehkräfte der Story abzufangen. Er sagt, er versuche, eine Literatur ohne Kausalzusammenhänge zu schreiben, da es, dies seine Kriegserfahrung, eben auch im Leben keine gebe. Meine Novelle ist tatsächlich das Gegenteil davon: eine Geschichte, die ausschließlich aus tragischen Kausalzusammenhängen besteht.

Wir treten auf den abgasverrußten Balkon, weil ich rauchen will. Rachid deutet hinunter auf die Autos, die auf der gegenüberliegenden Straßenseite parken.

»Vor ein paar Jahren«, beginnt er, »fuhr ich einen alten, leicht verschlissenen Peugeot, von dem ich nachgerade genug hatte. Einmal, als ich aus dem Haus trete, um in die Universität zu gehen, sehe ich da drüben einen gelben VW Golf parken, der mir auf Anhieb gefällt. Ich gehe um ihn herum, ich fahre die Formen mit der Hand nach, er hatte ja ein wunderbares Design. Dann spähe ich in den Innenraum. Wie schon oft, diesmal war es aber ernsthafter, habe ich mit dem Gedanken gespielt, meinen Job an der Uni aufzugeben und einen anderen, besser bezahlten in der Privatwirtschaft anzunehmen, damit ich mir auch mal so einen Golf leisten könnte. Hin- und herrechnend und überlegend bin ich dann langsam weitergegangen. Ich war vielleicht fünfzig Meter fort, da gab es eine gewaltige Explosion, deren Luftdruck mich auf den Asphalt geworfen hat wie eine gewaltige Hand. Der Golf ist in die Luft geflogen, gerade als ein Mann seine Tür öffnete, um einzusteigen. Der Mann war natürlich tot. Insgesamt gab es, glaube ich, zwölf Tote. Der Mann war Arafats rechte Hand. Im Moment vor der Explosion habe ich auf einem Balkon gegenüber eine Gestalt wahrgenommen, die herübergeblickt hat – ich dachte, sie würde mich anstarren – und dann eine Geste machte, als drücke sie auf einen Knopf, aber im nächsten Augenblick war sie verschwunden.«

*

**Dann ein Bild**, für das ich ihn liebe und das für mich all das symbolisiert, was ich am Intellektuellen oder, wie man früher schöner gesagt hat, am geistigen Menschen liebe:

Er steht in Socken und auf Zehenspitzen auf einem wackligen Schreibtischdrehstuhl, die weitsichtigen Augen ganz nahe an den Buchrücken, um das oberste Regal seiner Bibliothek zu durchforsten, der kahle Hinterkopf mit den Flaumhärchen ist leicht in den Nacken gelegt, und dieser zarte Nacken hat etwas ungeheuer Verletzliches, auch die an einen Säugling erinnernden flaumigen Härchen: etwas Schutzloses. Mitten im Gespräch hat er sich plötzlich unterbrochen, ist auf diesen Stuhl geklettert und sucht jetzt stur nach einem bestimmten Buch, um mir daraus einen bestimmten Satz vorzulesen, der hier und jetzt und in dieser Situation perfekt paßt und angebracht und schlechterdings unumgänglich ist. Bis dahin muß die Zeit ausgesetzt bleiben.

Jemandem, der Bücher nicht liebt, muß diese Suche und meine Faszination davon ewig unverständlich bleiben.

Im Laufe der Zeit und der Lektüre seiner Romane fällt mir auf, daß die meisten Anekdoten und Geschichten, die Rachid mir en passant erzählt, auch viele Meinungen und Erkenntnisse, die er gesprächsweise entwickelt, bereits in seinen Büchern stehen, so daß er manchmal den Eindruck erweckt, in der Konversation Schablonen zu benutzen oder

Tafeln hochzuhalten oder auch seine Texte zunächst im Gespräch auszuprobieren.

Hier aber, in dieser Szene, in diesem kurzen Augenblick, habe ich ihn in seiner Essenz: ein nicht mehr junger Mann, alleinstehend, der sich hoffnungslos der Welt der Bücher verschrieben hat. Ein Gezeichneter. Einer von der Familie.

*

**Verabredung mit Rachid** im Café Wimpy-Mövenpick zum zweiten Frühstück. Schönes Wetter. Rachid, dessen Stammcafé eigentlich das Café de Paris fünfzig Meter weiter ist, ein düsteres, algenverwuchertes Aquarium voll intellektueller Schleierschwänze, erwartet mich draußen auf der Terrasse an einem kleinen Tisch direkt an der Straßenecke.

*Vier Soldaten sitzen an einem sonnigen Tag auf den Stahlrohrstühlen mit Plastiklehnen und -sitzflächen eines Cafés.*

*Am oberen Rand des in drei Streifen geteilten Bildes erkennt man die Leuchtbuchstaben des Café-Schriftzuges auf der einen Viertelkreis beschreibenden Fassade der Straßenecke: Den rechten Arm eines V, dann die jeweils untere Hälfte eines E, N, P und I sowie den Beginn des C. Der mittlere Teil des Bildes zeigt in perspektivischer Verkürzung die einen viertel Strahlenkranz formende chrom- oder aluminiumglänzende Deckentäfelung der überdachten Terrasse sowie durch ein Fenster einen Blick ins Innere des Cafés über Plastikstühle und Resopaltische hinweg bis zu einer hellglänzenden Vitrine. Durch den Lichteinfall kann man zunächst kaum unterschieden, was Fenster und was spiegelnde Wände aus gebürstetem Aluminium sind.*

Ich blicke nach drinnen, um einen Kellner zu entdecken und auf uns aufmerksam zu machen. Wir bestellen Kaffee und Orangensaft. Rachid erzählt von den Gesichtern und der Haltung der israelischen Soldaten auf ihren Panzern, während sie die Hamra hinabfuhren. Von der ungeheuren Verächtlichkeit des Blicks, mit dem sie die arabischen Untermenschen – so drückt er sich aus – von oben herab musterten, ohne sie anzusehen. »Es war«, sagt er, »kein Blick von Mensch zu Mensch.«

*Rechts von dem Fenster steht, hinter dem Tisch mit den vier Soldaten, ein weiterer Soldat, die Maschinenpistole umgehängt, das Gesicht schräg nach unten gerichtet, offenbar einem Knaben, dessen Gesicht von der rechten Bildkante durchtrennt ist, zuhörend. Direkt neben dem Knaben, ebenfalls vom Bildrand abgeschnitten und nur in einem schmalen Streifen des schwarzen Hinterkopfhaars und des Rückens zu sehen, eine weitere Person. Alle fünf Soldaten tragen Kampfanzüge. Ihre Helme sind mit einem etwas dunkleren Band umwickelt, das aussieht wie ein Hutband. Alle tragen sie über dem Uniformhemd ärmellose Westen, die wie aufgeblasen wirken. An diesen Westen hängen oder baumeln aufgesetzte Taschen und Pistolenholster, Feldflaschen.*

Er stellt eine schreckliche These zu Israel auf: ein Staat, der nur dank dem Krieg und im Krieg überleben kann. (Subventionen aus den USA rechtfertigten sich ausschließlich unter der Bedingung des Kriegs, Waffenindustrie benötige den Verbrauch.)

»Weißt du, was das ist, Israel?« fragt er. »Eine Armee und 150 Familien.«

*Die Gruppe der vier Sitzenden besteht aus zwei Soldaten hinter dem Tisch, die in Richtung des Betrachters, aber nicht aufs Objektiv blicken. Zwischen ihnen beiden der Körper des dritten, der Kamera am nächsten sitzenden Soldaten, der den Kopf nach rechts gedreht hat und im Profil zu sehen ist und, dem Winkel seines rechten Auges und seiner Körperhaltung nach, sich soeben umgewendet hat, um jemandem zuzuhören, der rechts hinter dem Betrachter des Photos steht. Der am weitesten rechts sitzende der vier ist ebenfalls im Profil zu sehen, aber im linken. Er hockt auf der Stuhlkante, sein linker Unterarm ist auf den linken Schenkel gestützt, mit dem rechten Daumen und Zeigefinger hält er eine auf dem Tisch liegende Generalstabskarte so, daß er sie in sein Blickfeld oder das des Nachbarn rücken kann. Offenbar hat er soeben, bevor der andere angesprochen wurde und sich umgedreht hat, mit ihm gesprochen; sein Gesichtsausdruck wirkt, als warte er auf eine Antwort. Er trägt einen rabenschwarzen, kurz gestutzten Vollbart, über den der Kinnriemen des Helms läuft. Er wirkt, soweit man das auf dem Photo sehen kann, wie ein Orientale mittleren Alters.*

Denn im Frieden und bei Öffnung der Grenzen, sagt Rachid, als laizistischer und demokratischer Staat ohne Apartheid, wäre Israel binnen zweier Generationen im Meer der sich ungleich rascher und stärker reproduzierenden Araber verschwunden (ganz so, fügt er mehr laut denkend als sprechend hinzu, wie der christliche Libanon im Meer der Moslems).

*Sein Nachbar, der sich dem unsichtbaren Vis-à-vis entgegendreht, wirkt sehr viel jünger, vielleicht auch aufgrund eines Anflugs von Oberlippenbart. Ein gutaussehender lockiger (obwohl der Helm sein Haar verdeckt) junger Surfer. Das Sonnenlicht färbt seinen Rücken und die Plastiklehne des Stuhls leuchtend hell.*

*Zwischen diesen beiden ein weiterer Vollbärtiger mit Sonnenbrille, einen großen Feldstecher um den Hals. Er sitzt ein wenig schief auf seinem Stuhl, da er sich mit dem rechten Ellbogen auf die Sitzlehne stützt. Seine linke Hand liegt auf der Leistenbeuge. In der rechten Hand hält er ein Telefon, und der durch den Betrachter hindurchgehende Blick deutet darauf hin, daß er jemandem am anderen Ende der Leitung zuhört. Die gedrillte Telefonschnur endet genau an der Oberlippe des jungen Mannes im Vordergrund, das heißt, sie muß hinter ihm vorbeiführen, und da über die linke Schulter des ganz links außen, ein wenig im Hintergrund sitzenden vierten Soldaten eine Antenne ragt, trägt er vermutlich ein Funktelefon auf dem Rücken, zu dem die Telefonschnur seines Kollegen führt.*

Er erzählt, daß er vor einiger Zeit in einem Artikel von *Le Monde* entgegen den Versicherungen des Journalisten, der mit ihm gesprochen und sich als Freund bezeichnet hatte, als einziger der interviewten Intellektuellen namentlich (und falsch) zitiert wurde mit islamkritischen Äußerungen. Am nächsten Morgen kam der gutgemeinte Anruf einer muslimischen Freundin: »Gib acht, die Moslems können auch Französisch lesen!«

»*C'etait un appel au meurtre*«, erklärte mir später ein Bekannter. »Jemanden mit solchen Sätzen namentlich zu zitieren, ist ein Aufruf zum Mord. Das hätte der angebliche Orientspezialist, dieser Journalist, wissen müssen; wahrscheinlich hat er es auch gewußt, und es war ihm nur egal. Wenn Rachid nicht so gut integriert wäre, wenn es denn nicht doch schwierig wäre, ihn einfach so abzuknallen, und heutzutage vielleicht sogar Ärger machen würde, er wäre vogelfrei gewesen.«

Rachid erzählt, daß er dann für die Orient-Ausgabe von *Le Monde* ein Dementi gefordert und auch bekommen hat, womit die Sache soweit geregelt war ...

*Dieser vierte Soldat, der ebenfalls eine Sonnenbrille trägt, führt mit der linken Hand eine Zigarette zum Mund und scheint, den hohlen Wangen nach zu urteilen, im Augenblick des Photos einen Zug zu nehmen. Quer über seinen Knien liegt die Maschinenpistole, von der nur eine um den Lauf herum gebaute, kastenförmige Verdickung zu sehen ist.*

*In der Kuchenvitrine im Innern des Cafés spiegelt sich schattenhaft eine menschliche Form, Kopf, Schultern, Oberkörper, bei der es sich, vergleicht man Ein- und Ausfallswinkel, um den Photographen handeln könnte. Quer unter der Generalstabskarte, die der bärtige Soldat rechts im Bild festhält, liegt eine zweite Karte. Mit den beiden Karten ist der kleine Cafétisch vollständig bedeckt.*

»Der Islam braucht eine theologische Revolution«, sagt er. »In ihn konvertieren zu können, aber auch aus ihm austreten zu können, ohne vogelfrei zu werden. Denn hieße das sonst nicht, mit zweierlei Maß zu messen?«

Er erzählt von der Radikalisierung/Islamisierung seit der kriegsfolgenbedingten Teilung der staatlichen Uni in einen christlichen und einen moslemischen Teil (wobei er als einer von ganz wenigen Christen weiterhin in Beirut in der moslemischen unterrichtet): Selbst Professoren predigen Haß, zum Beispiel gegen die angeblich westlich-zionistisch-kolonialistische Wissenschaft des Orientalismus: »*Les orientalistes, qu'ils soient maudits par Dieu!*« hat ein moslemischer Kollege seinen Studenten entgegengerufen.

*Vielleicht ist der Mann am rechten Bildrand, von dem nur Rücken und Hinterkopf zu sehen sind, ein Kellner, der soeben die Bestellung der Soldaten entgegengenommen hat und sich jetzt der rechts außerhalb des Bildes liegenden Tür ins Innere des Cafés zuwendet.*

*Die Bildlegende besagt: 1982. Rue Hamra, im Wimpy-Mövenpick. Israelische Soldaten vor der Operation des Widerstands.*

»Keine zwei Minuten nach dieser Aufnahme«, sagt Rachid, »sprang ein Mann mit einer Maschinenpistole herbei und mähte die fünf israelischen Soldaten mit einer Salve nieder. Das war der Beginn des Widerstands gegen die israelische Besatzung.«

*

**Rachid fragt mich** in dem vertraulichen Ton, in dem Männer und, ich glaube, auch Frauen untereinander über geschlechtsspezifische Probleme sprechen: »Was denkst du, was es zu bedeuten hat, daß ich immer lieber immer öfter alleine dort oben in meinem Haus in Ehden in der Kälte sitze? Meinst du, es ist ein Zeichen, daß ich alt werde?«

Zu seinem größten Erstaunen antworte ich ihm, daß ich den einsamen Genuß einer objektiv unbequemen oder unangenehmen Lage vielmehr für eine wichtige geistige oder, wenn er so wolle, spirituelle Erfahrung halte, denn seine Worte haben mich an eine meiner Epiphanien erinnert: Februar 1981, meine erste Reise nach Rom, und wie ich morgens im Dachzimmer des Pfarrhauses von Rocca erwachte, die Sichelschnitte der Mauersegler im azurblauen Himmel sah, dann in die steinerne Bodenvertiefung trat, um zu duschen. Wie das eiskalte Wasser aus dem Brausekopf schoß, wie ich unter dem Kälteschock zusammenzuckte, mich dann jedoch plötzlich entspannte, sogar die Füße, die ich nur mit den Kanten aufgesetzt hatte, fest und mit ganzer Fläche auf den Boden drückte und das Gefühl – nein: das Bewußtsein – mich ergriff, mit mir selbst eins und einverstanden zu sein und im Jetzt zu stehen. Das objektiv Unangenehme und Unbequeme, diese kalte Dusche, hat offenbar so ähnlich gewirkt wie der Schlag eines Zenmeisters, der einen SEHEN macht. Daß man eine solche Erfahrung wiederholen wolle, sage ich zu Rachid, erscheine mir ganz folgerichtig. Wunderlich seien wir natürlich alle ein wenig.

Der Gedanke, daß er, der überzeugte Atheist, spirituelle Erlebnisse, Epiphanien zu haben in der Lage sein soll, gefällt ihm sichtlich gut, vor allem ist er viel angenehmer zu denken als die Furcht, alt, schrullig, misanthropisch zu werden und bald zu Nichts zu zerfallen.

*

**Endlich die am Montag** gekaufte *Libération* angesehen: Auf der Titelseite wird der Tod des Filmregisseurs Maurice Pialat vermeldet.

Wenn es stimmt, daß man auf einer solchen Reise offener, vorurteilsfreier, durchlässiger, aufnahmebereiter ist als zu Hause in der Wagenburg der Gewohnheiten und Gewißheiten, dann müßte auch die Kehrseite gelten: Man ist leichter zu erschüttern und zu verwirren, und Dinge, die man daheim, geschützt durch den Panzer der Alltäglichkeit, an sich abprallen ließe, nehmen eine ganz andere Dimension an und betreffen einen plötzlich auf ungeahnte Weise. Hier vom Tod Pialats zu lesen, katapultiert mich zurück nach Frankreich in mein dortiges Leben. Ich höre das Rauschen des Wassers am Wehr des kleinen Hotels La Vanne Rouge im Wald von Fontainebleau, nicht weit von Morêt-sur-Loing, dessen Kirche und rote Dächer, sonnenbestrahlt und verregnet, Edward Sisley gemalt hat. Ich höre den Papagei des Hoteliers im Fernsehzimmer krächzen, während auf dem Bildschirm die Preisverleihung des Festivals von Cannes zu sehen ist. 1987 war das, und alles, all die Jahre sind noch präsent.

Gedanken an mein zwiespältiges Verhältnis zu Pialats Filmen. »Loulou« habe ich seinerzeit gehaßt, weil der brutale Vorstadtschläger, den Depardieu darstellte, zu viele ungute Erinnerungen an Böblingen wachrief. Unmittelbares Einverständnis (auf inhaltliche, nicht ästhetische Art) gab es nur bei »A nos amours«; da beeindruckte mich die luzid-melancholische Einsicht in die triste Lebenswirklichkeit, der aber eben keine Depression folgt, sondern ein fatalistisch-neugieriges Weitermachen, Weitersuchen, und die mir mit all meinen Illusionen von Glaube, Liebe, Hoffnung immer so schwerfällt – im Leben wie im Schreiben ...

»Sous le soleil de Satan« hat mich im Kino enttäuscht; die Schönheit der Bilder und der Konstruktion ging mir erst Jahre später bei zweitem Sehen im Fernsehen auf. Ebenso war es bei »Van Gogh«. Ich war enttäuscht, vor allem über Jacques Dutronc in der Titelrolle (in der ich immer noch Kirk Douglas sah), und mußte auch diesen Film ein zweites Mal sehen, um seine Lakonie zu würdigen und seine plastische Schönheit zu entdecken. Unvergeßlich aber der *bras d'honneur* in Cannes 1987: »*Si vous ne m'aimez pas, sachez que je ne vous aime pas non plus!*«

Bei der Preisverleihung hatte ich den Bernanos-Film, glaube ich, noch nicht gesehen, obwohl er vermutlich bereits im Kino war. Photos zeigen mir, daß es der charmant lächelnde Christopher Lambert war, der Pialat die Palme in die Hand drückte. Pialat also, in einem cremefarbenen, knittrig-weichen, kragenlosen Smokingjackett, das eher wie eine Strickjacke aussieht, die man sich an kalten Abenden in einem alten Bauernhaus auf dem Land überstreift, wenn man mit dem Hund spazierengeht und danach noch Kaminholz spaltet. Am Hemdkragen eine schief gebundene schmale schwarze Fliege. Die untersetzt-kräftige stiernackige Gestalt, der kurz gestutzte Salz-und-Pfeffer-Vollbart, die Brille, die Boxernase. Weiß nicht wohin mit seinen Händen, tapst herum wie ein Bär auf den Hinterpfoten. Die Augen, die Stimme, die Gestik eines Mannes, der nicht in seinem Körper zu Hause ist, der sich nicht liebt und dessen Träume zu oft enttäuscht worden sind, als daß er sein Leben für anderes als eine mißglückte Probe halten könnte, der keine glückliche Aufführung mehr folgen wird.

Als sein Name gerufen wird für den höchsten Preis, den das Festival zu vergeben hat, ist der Beifall karg, so daß die Buhs und Pfiffe die Überhand gewinnen. Sobald er oben steht, steigt der Pegel der Lautstärke, aber das Verhältnis zwischen Applaus und Ablehnung bleibt konstant. Der Kommentator, peinlich berührt, kann sich an dergleichen nicht erinnern. Dabei müßte es ein Triumph sein, auch ein nationaler: die erste Goldene Palme für einen französischen Regisseur seit über zwanzig Jahren.

Ich bin sicher, Pialat hat so etwas geahnt, kommen sehen, ganz einfach, weil es in seinen Sternen stand, daß auch noch der Moment des Siegs, der Rehabilitation, der Revanche, der endlichen, späten Bestätigung in den Schmutz gezogen werden würde, in Frage gestellt, relativiert, verdorben.

Ich weiß nicht, was für Pialat zuerst da war: die Erniedrigung oder das Gefühl, nicht dazuzugehören. Der Stolz oder die Bitterkeit.

1925 in der Auvergne geboren, Sohn eines Kohlen- und Weinhändlers, Ruin des Vaters, Umzug in die Pariser Banlieu, von der Großmutter aufgezogen, Einsamkeit und Unglück in der Schule, eine lieblose Kindheit. Dann sieht er, von Job zu Job kriechend, zu, wie alle seine Generationsgenossen, alle Jüngeren, die Nouvelle Vague beginnen, er außen vor, zum Teil ist es Pech, zum Teil eigene Schuld. Er verkauft Olivetti-Schreibmaschinen, die anderen drehen »A bout de souffle«, »Baisers volés«, »Le boucher«. Er ist schon weit über vierzig, als er endlich mit dem Filmen anfängt. Er ist berüchtigt auf den Sets für seine Wutausbrüche, seine schlechte Laune, die Art und Weise, wie er mit Schauspielern und Technikern umgeht. Seine Erfolge sind immer halb und halb; die Kritik sagt ja, jedes zweite Mal, aber die Kinogänger nie wirklich. Er ist ein Mensch, dem nichts leichtfällt, dem die Leichtigkeit abgeht (nur nicht in seinen Bildern, die fließen in den besten Momenten wie der Ganges bei Renoir) und den das Glück flieht, das anderen hinterherläuft. Er gehört nicht dazu, zu nichts. Nicht zur Nouvelle Vague, erst recht nicht zu Papas Kino. Nicht einmal zu sich selbst.

Es ist eine seltsame Sache mit dem Glück: Es gibt Leute, deren Sensibilität nach nichts mehr verlangt als nach der Schönheit glücklichen und glückhaften Gelingens und denen gerade dies nicht vergönnt ist. Legt das eigene Wesen, der eigene Charakter ihnen Steine in den Weg? Gibt es doch einen Zusammenhang zwischen der Unbehaustheit im eigenen Leib, dem Mangel an Grazie und Liebenswürdigkeit und auf der anderen Seite dem Mangel an Liebe und Erfolg, die man bekommt? Gibt es doch Glückskinder? Deren Erfolge vielleicht nicht einmal zahlreicher, nicht einmal tiefer sind, aber genußvoller, weil ihnen Genuß und Vergessenkönnen gegeben ist?

Wie bitter muß er gewesen sein, sich selbst hassend und zugleich um seinen Genius wissend, seine Einmaligkeit, seine künstlerische Mission! Nie zufrieden mit sich, nie seiner selbst sicher, aber dennoch im Bewußtsein, ein Großer zu sein, auch wenn kein anderer es weiß. Links und rechts überholt von Jüngeren, die nach ihm begonnen haben, die nicht durchmachen mußten, was er durchmachte, denen sich die Türen öffneten, ohne daß sie dagegenhämmern mußten. Die womöglich von ihm beeinflußt sind, es aber nicht zugeben, weil er kein Glück bringt.

Irgendwann dann das Bewußtsein, dieses Leben nicht noch einmal und nicht mehr anders führen zu können, die Erkenntnis, nicht dazuzugehören. Dann die Affirmation: *Ich gehöre nicht dazu.* Vergißt er es einmal, wird es ihm um die Ohren geschlagen. Aber er vergißt es nicht: Denn er sieht es ja jeden Tag: Was die anderen ängstigt, bringt ihn zum Lachen. Was die anderen traurig macht, gibt ihm Kraft. Wenn die anderen ihre Erinnerungen austauschen, versteht er nicht, wovon sie reden, außer von unerreichbaren Sehnsüchten. Wenn die anderen charmant in Ärsche kriechen, sieht er nur, wie braun sie sind, wenn sie wieder rauskommen. Wenn die anderen *travelling* sagen, sagt er *Plan-séquence.* Wenn die anderen von der Familie des Kinos sprechen, weiß er, daß sie dabei nicht an ihn denken. Wenn die anderen sich auf Kunst einigen, hält er seine Kunst dagegen, auf die sich niemand einigt. Wenn die anderen freundlich zu ihm sind, stößt er sie weg, in der Hoffnung, sie wären dann immer noch freundlich, weil sie ihn lieben. Was sie natürlich nicht tun. Wenn die anderen von großen ästhetischen Entwicklungen des Kinos sprechen, vergessen sie seinen Namen, der ganz vorne stehen müßte, findet er. In einer Extraspalte, aber ganz vorne. Aber da steht er nicht.

Irgendwann wird aus dem Leid und der Existenzangst Stolz. Sein Weg mag marginal sein, aber es wird ihn keiner mehr davon abbringen können. Mögen die anderen jünger, schöner, erfolgreicher, glücklicher sein, er ist Pialat. So wie Arnold Schönberg, der, im amerikanischen Exil befragt, ob er der berühmt-berüchtigte Schönberg sei, antwortete: »Keiner hat's sein wollen, einer hat's sein müssen, also hab ich mich dazu hergegeben.« Pialat, der nicht dazugehört. Pialat, der dennoch überlebt. Pialat, dessen Kino an nichts erinnert als an Pialat. Gut, das Leben ist versaut, das Leben ist nicht zu retten, es ist eben kein glückliches Leben geworden. Bleiben die Filme, die er noch drehen kann, die Filme, die er drehen könnte. Das was Lebenssubstanz war, hat sich wie Schmieröl in den Zahnrädern der Kunst irgendwann verloren. Was bleibt, sind Einsamkeit, Stolz und Bitterkeit.

Dann Cannes, die Goldene Palme, die Pfiffe. Pialat steht breitbeinig an der Rampe, der rechte Arm mit der geschlossenen Faust schießt hoch wie für einen Uppercut, der linke fällt auf den Bizeps der Rechten. Ein *bras d'honneur.* Der Mittelfinger bleibt eingezogen, nur die geballte Faust; die Geste ist auch so klar genug. Und dann öffnet er den Mund: »*Si vous ne m'aimez pas, sachez que je ne vous aime pas non plus!*« – »Sie mögen mich nicht leiden – Sie sollen wissen, daß ich Sie auch nicht leiden mag!«

Daß er dann einen van Gogh drehte, ist kein Zufall, keine beliebige Wahl. Es ist Autobiographie. Denn was die beiden eint, ist ihre persönliche Revolution: In ihrem Werk sich mittels quälender intellektueller Anstrengung selbst gefunden, sich adäquat Ausdruck verliehen zu haben, auf die Gefahr hin, daß kein anderer mit diesen Bildern jemals etwas anfangen kann. Solitäre, Fossilien in der Geschichte ihrer jeweiligen Kunst, Selbstdenker, Selbstvollender, Selbsthenker. Den letzten drei Dialogsätzen des Films entsprechen drei fixe Einstellungen, deren grausame Banalität allen Versuchen der Überhöhung von Kunst und Leben Hohn spricht: Theo am Bett seines Bruders: »Wie geht es dir?« Schnitt auf Vincent, der sich in die Kamera dreht: »Ich habe Hunger.« Schnitt auf Theo, der mit einer Bouillon die Treppe hochkommt, das Zimmer betritt, die Tasse in der einen Hand, mit der anderen den Kopf des embryonal verkrümmt daliegenden Verletzten berührt: »Es ist vorüber.« Und damit ist es vorüber.

Der letzte Film, »Le Garcu«, 1995 gedreht, ein Mißerfolg. Die letzten Jahre von schwerer Krankheit gezeichnet, die Faust öffnet sich langsam, wird schwächer. Dreimal wöchentlich Dialyse. Die Angst, nicht genug getan zu haben, bald vergessen zu sein. Ein schweres Sterben, das offenbar erst kurz vor dem Ende leicht wird. Depardieu schreibt: »Ich durfte bei ihm sein in den letzten Stunden. Er stand unter Morphium. Er war sehr schön, mit Sylvie, seiner Frau, und Antoine, seinem Jungen. Maurice war ein Brummbär voller Menschlichkeit, auch wenn man merkte, wie der Schleier über ihn fiel. Ich habe ihm von meinem Tag erzählt, vom Sonnenschein. Er lächelte, schloß die Augen, öffnete sie wieder.«

Ein schweres Leben, ein schweres Sterben. Diese Existenz, dieses Schicksal bewegt mich stärker, verfolgt mich mehr als das Leben und die Laufbahn von Künstlern, die mir lieber und teurer sind als er.

*

**Bei der Lektüre** des Nekrologs geschieht eine Art geistige Autokatalyse. Ein aus Plinius zitierter Satz: »Der Mensch ist das Tier, das weint« läßt mich innehalten, die Worte berühren, ergreifen mich, ermöglichen und beschleunigen plötzlich, über den eigenen Sinn und Kontext hinausgreifend, eine chemische Reaktion in Form einer Assoziations- und Kausalkette, an deren Ende ich Grundgefühl und Leitmotiv meines hiesigen Aufenthalts in Händen halte: das wirre Mosaik der Erfahrungen, die Fetzen tragischer Lebensgeschichten, die politischen Erklärungsansätze, die Diskussionen, das Widersprüchliche, das Unverständliche, auch die heraufbeschworenen eigenen Erinnerungen ordnen sich in diesem Bild einer *Condition humaine,* befreit von der europäischen Metallic-Lackierung: Die mörderische Bestie, die im Grauen vor sich selbst Tränen vergießt, Narziß, über sein trauriges Spiegelbild gebeugt, die geschundene Kreatur in ihrer Qual, der ein Gott zu sagen gab, was sie leidet: *Das Tier, das weint.*

*

**Beim Nachsinnen** über Pialats »Ich gehöre nicht dazu« in der Paula-losen, trostlosen Stille des Hotelzimmers komme ich plötzlich auf Hermann Hesse. Ich glaube einen Grund verstanden zu haben, warum das *Glasperlenspiel* auf soviel Unverständnis trifft, nämlich das Skandalon, das er darin schafft: das der (scheinbaren) Vergeudung großer Gaben.

Da baut er über vierhundert Seiten hinweg eine außerordentliche Gestalt auf, Joseph Knecht, der es bis zum Glasperlenspielmeister bringt und dann sogar den Ausbruch aus dem engen Kreis von Kastalien wagt. Der Leser, und der Hesse-Leser zumal, fragt sich natürlich: Zu welchem großen Zweck? Und dann tut der Held nichts anderes, als Hauslehrer zu werden für ein einziges Kind! Und noch nicht mal für ein armes Kind, wie er selbst eins war, nein, für ein Kapitalistenkind! Welche Verschwendung seiner Fähigkeiten, nicht wahr! Wie überaus unökonomisch gedacht! Und kaum hat er mit der Erziehung begonnen, stirbt er auch schon, scheitert (scheinbar) an dieser seiner lächerlich kleinen, anspruchslosen Aufgabe. Hätte er denn nichts Sinnvolleres, nichts Weltbewegenderes machen können mit all dem, dessen er fähig ist, als sich um ein einziges *Kind* zu kümmern?

*

**Für sechs Uhr abends** zur Poesielesung eines Amerikaners eingeladen. Eine schöne alte Villa mit kleinem umzäuntem Garten im Schatten der hohen Häuser in einer winzigen Parallelstraße der Hamra, fünf Minuten vom Mayflower gelegen. Palmen und Orangenbäumchen in Tonkübeln. Ein großer ebenerdiger, orientalisch eingerichteter Salon, in dem die Lesung stattfindet. Seltsame Paul-Bowles-Atmosphäre postkolonialer Dekadenz, fehlen nur die nackten arabischen Knaben. Der Poet, ein älterer, soignierter Arzt, deklamiert. Die Gäste, die zwischen den Vorträgen (ausgezeichneten) Wein und Petits fours serviert bekommen, erhalten hektographierte Texte zum Mitlesen. Was fehlt zur Kunst? Vielleicht nur ein wenig mehr Zweifel an sich selbst. Eines der Gedichte skandiert er zur Trommelbegleitung eines jüngeren Mannes (eines Kollegen, d.h. Arztes, nicht Lyrikers), mit hypnotisierender Wiederholung eines mantraartigen Bildes *Scimitar moon*, wobei er das Wort mit manirierter Stimme dehnt: Sci-mi-taaaar, das »a« kommt tief aus der Kehle. Schweißperlen auf der Stirn, bumm-bumm, bumm-bumm. Jetzt müßte in den Zuschauern wohl der Trieb aufstehen, und in der Schwüle des Raums und der Lyrik müßten sie übereinander herfallen ...

Allein, sie bleiben alle sitzen, nippen am Wein und applaudieren höflich.

Hinterher fängt mich der trommelnde junge Arzt ab und bietet mir allen Ernstes einen dreiwöchigen Aufenthalt in seiner Privatklinik an, um mir das Rauchen abzugewöhnen. Ich stottere irgend etwas von Würde, und wenn ich wollte, könnte ich auch alleine aufhören. Das läßt er nicht gelten: Würde zeige man, wenn man sich helfen lasse. Einige Fragen nur, um meinen Zustand zu checken, wie viele pro Tag, die erste vor oder nach dem Frühstück etc. Logischerweise kommt dabei heraus, daß ich der Entziehungskur dringend bedarf. Alles sehr freundlich, ohne Aufhebens, im Ton von: *We all need a helping hand.* Erinnert mich an den Fragebogen der Scientologen, den ich 1984 in der Kaufingerstraße in München einmal ausfüllte, in Unkenntnis damals noch dieser Sekte, nur um zu erfahren, daß ich eine völlig kaputte Persönlichkeit sei. Was mich immerhin einige Wochen lang schwer mitnahm, obwohl ich beim Hinaustaumeln die Bücher von Hubbard gesehen hatte, vor deren Kauf mich eine erinnerte Liedzeile von Lennon bewahrte: ... *nobody's gonna Mother Hubbard-soft-soap me with just a bottle full of hope. It's money for dope, money for rope ...*

*

**Rückfahrt von der dritten** gemeinsamen Lesung in Saida im Institutsbus. Es waren viele junge Leute da, Studenten.

Ständiges Handygeklingel. Auch das von Abbas klingelte während der Lesung mehrmals, und er telefonierte. Der Bibliotheksleiter und Veranstalter ging mehrmals hinaus, weil seines klingelte. Nach der Lesung freies Rauchen von jedermann in der Bibliothek. Herr Stehle ist schockiert: Die schönen Bücher! Die Brandgefahr!

Mit Abbas über die Zukunft der arabischen Länder und damit auch über ihre Vergangenheit und Gegenwart. Er sagt: »Es wird keine Demokratisierung geben ohne eine Lösung der Palästina-Frage. Alle arabischen Völker sind Geiseln ihrer Regime, solange dieses Problem nicht geregelt ist.«

Nach dem verlorenen 48er-Krieg gegen Israel, erläutert er, seien alle arabischen Völker von Gefühlen des Hasses, der Erniedrigung erfüllt gewesen, von einem unstillbaren Bedürfnis nach Rache. Und all das instrumentalisierten die jeweiligen Regime in einer Ideologie des Hasses und des Kriegs, zu der sich zu bekennen jedermann gezwungen war, der das Unrecht der Vertreibung wiedergutgemacht sehen wollte, und die jegliche Diskussion über politische und soziale Fragen in den einzelnen Staaten verhinderte. Diese Situation habe die Entwicklung militärischer diktatorischer Regime gefördert, denn die schienen die einzigen Garanten dafür, eines Tages einen siegreichen Revanchekrieg führen zu können.

»Auf diese Weise ist die ganze Region seit fünfzig Jahren blockiert. Ein wenig wie der Machtbereich der UdSSR. Und der steigende Haß auf den Westen, Europa, die USA und die Sympathie mit den Bin Ladens dieser Welt ist nicht zuletzt Selbsthaß ob der eigenen Unfähigkeit, dem Gefangensein in den eigenen, nur zu schmerzlich bewußten Widersprüchen ...«

Dann erzählt er vom Schriftstellertreffen im Jemen mit den deutschen Großkopferten, bei dem Grass den beiden arabischen Großschriftstellern Adonis und Darwish eine Lektion in Mut und Zivilcourage erteilt habe, indem er vor dem jemenitischen Präsidenten den Fall eines religiös Verfolgten erwähnte, was die beiden Araber trotz ihrer Kenntnis des Falls und trotz ihres Einflusses zu tun nie auf den Gedanken gekommen wären.

»Grass ist ein Diplomat!« sagt Abbas in einem Ton zwischen Bewunderung und Zweifel und fügt dann hinzu: »Fast mehr ein Diplomat als ein Schriftsteller. Mit welcher feinen Rhetorik er vorgegangen ist im Gespräch mit dem Präsidenten, der ihm gerade irgendeinen Preis verleihen wollte: ›Wenn Sie nicht einverstanden wären mit dem, was ich hier sage (zugunsten des verfolgten Autors), dann müßte ich das Gefühl haben, Sie wollten mir diesen Preis eigentlich gar nicht zugestehen.‹ Anstatt zu sagen: Dann lehne ich ihn ab. Nein, er ist ein großer Diplomat ...«

Plötzlich wird er still, scheint zu horchen, in sich zu horchen, legt mit ruhiger Geste seinen Ordner auf dem vorderen Sitz ab, hält sich die Hand auf die Brust, starrt ins Nichts, alles lautlos.

»Abbas, was ist los?« Er hebt abwehrend die Hand: Jetzt nicht.

Sekunden, in denen ich hilflos neben ihm sitze und ihn ansehe.

*In Berlin. Wir gehen spazieren, seit seiner Herzoperation im vergangenen Sommer geht er jeden Tag wenigstens eine Stunde spazieren. In Beirut gibt es so wenig Grün, das ist das Schönste an Berlin! Zu Hause gehe ich jeden Abend spazieren, im kleinen Park Sanayeh nah bei meiner Wohnung. Ich drehe meine Runden wie ein Jogger, nur eben im Gehen. Hier in Berlin beschäftige ihn das Herbstlaub. Es mache ihn melancholisch, zugleich inspiriere es ihn. Der schöne Teil des Herbstes mit den goldenen Kastanien und roten Platanen ist vorüber. Dafür sind die Gehwege mit Laub bedeckt, und täglich werden die zusammengerechten Blätterhaufen höher. Vor dem ersten Regen sind es luftige Hügel aus Grün, Braun, Gold und Ocker, in die der Wind fahren kann, danach kleben sie zusammen, wandeln sich zu einer fauligen, bräunlichschwarzen, lappigen, pilzigen Masse, die das rare Sonnenlicht nicht mehr reflektiert, mehr schon Humus als Laub. Dennoch wehrt Abbas den Terminus »feuilles mortes« ab und sucht nach einem anderen Begriff, um das Verblassen der Farben, das Kahlwerden der Bäume, das Durchsichtigwerden der Straßen, das Karge, Skelettartige zu fassen und zugleich diese Transformation der Blätter, wie sie vom Rand her braun, dann pergamenten werden, dann im Regen sich einrollen, um gegen ihr Herz hin zu faulen; die plötzliche grünliche Feuchtigkeit auf den Buchenstämmen, die Geschäftigkeit der orangegekleideten türkischen Straßenkehrer, die mit sparsamen Bewegungen die horizontale Sisyphusarbeit verrichten, all dieses unaufhörlich nachregnende Laub zusammenzufegen. Die ganze Stadt in der Mauser, die ganze Stadt, die ihr grünes Federkleid verliert. Abbas erzählt von seiner neuen Romanidee, sagt, nach acht Lyrikbänden habe er vorerst einmal genug von Gedichten, dagegen Blut geleckt nach seinem ersten Roman; das neue Projekt, das ihm während seiner Rekonvaleszenz gekommen sei, habe etwas mit dem Herzen zu tun, es gehe um eine symbolische, eine allegorische Herzkrankheit, einen Herzschmerz, der sich durch die Generationen einer Familie vererbt und bei jeder der Figuren in anderer Form sich manifestiert. Doch scheint die Idylle des Wissenschaftskollegs zusammen mit dem Hagel an Eindrücken und Begegnungen in Berlin nicht die rechte Atmosphäre, um an einem Roman zu arbeiten. Ob dies nun der Grund ist oder daß die Konzeption noch nicht klar genug ist, nach einiger Zeit gesteht Abbas, er habe das Manuskript weggeräumt, und wenige Tage später, er schreibe wieder Gedichte, Gelegenheitsgedichte, er habe begonnen, eine Art lyrisches Tagebuch zu führen. Jetzt in Beirut ist es so gut wie fertig, rund fünfundzwanzig Gedichte, aus denen er bei unseren Lesungen vorträgt, »Journal Poétique de Berlin«. Eines hat besonderen Erfolg, es heißt »Der Garten Michaels«, und ich kann nicht erwarten, die Übersetzung zu sehen. Die meisten der Gedichte beziehen sich auf Erlebnisse oder Beobachtungen aus unseren gemeinsamen Tagen. Jemand sagt, es sei ein ganz neuer Ton für Abbas, befreit befriedet, und ich muß an die Spaziergänge in Berlin denken, er in seinem (wiedergefundenen) braunen Mantel, den Schal um den Hals, den Borsalino auf dem Kopf, und an die Alchimie, die das fallende und sich auftürmende Herbstlaub des kalten, des freien, des friedlichen Berlin in Poesie verwandelt.*

Nach wenigen Augenblicken schon atmet er auf und lächelt mich an. »*Non, non, non, ce n'est rien. Probablement ce n'est que nerveux …*« Abwiegelnd wie immer. Nur nichts von sich hermachen. Palpitationen, Herzrasen, Druck auf der Brust. Nichts Ernstes, nur nervös. Kommt ab und an vor. Der Arzt habe ihn beruhigt.

*

**Luxusrestaurant in Antelias**, wohin uns der Veranstalter von letztens eingeladen hat, zusammen mit Honoratioren aus seinem Verein, dem christlichen Kulturverein.

Kann mir nicht helfen, aber die Atmosphäre und die Leute sind mir unsympathisch. Besser gesagt, ich habe langsam das Bedürfnis, endlich jemanden unsympathisch zu finden in dieser Welt sympathischer Menschen. Sie sind gebildet, aber zugleich ungeheuer selbstzufriedene, stinkreiche Bonzen mit Blazer und Rolex und plappernden, geschminkten, toupierten, gelifteten Luxusfrauen. Vielleicht ist meine Abneigung unangebracht, denke ich an ihre Leistung: Opposition gegen Syrien, Rekonziliation Christen – Moslems, gemeinsame Veranstaltungen, Lyriklesungen sogar während des Krieges, an denen auch Abbas teilgenommen hat.

Ich suche statt dessen das Gespräch mit Frau Assaf, um ihre Geschichte, ihre Geschichten erzählt zu bekommen. Die offenkundig in den Bränden des Kriegs geschmiedete Liebe zu ihrem Mann, die Tatsache, daß die beiden seit Jahrzehnten gemeinsam arbeiten, die zeit- und leidbedingte Alterung der schönen Jugendgesichter, seine patriarchalisch-weichen Drüsenzartheiten, ihr welkes Jungmädchen-Antlitz, das Romanhafte einer Beziehung im Kriege (ich denke an »Casablanca«, »In einem andern Land«, »Wem die Stunde schlägt«), der leichtfallende Brückenschlag in mythologische Gefilde – Philemon und Baucis oder Adonis und Astarte, vielleicht aber auch Jaakob und Rahel oder, wenn Namen etwas zu bedeuten haben, Jussuf und Suleika – all das macht mich ungeheuer neugierig, aber auf eine Art, merke ich, die zwiefach ist: Eine jagdhundhafte

Instanz in mir wittert einen »Stoff« und entwickelt, testet, verwirft, kombiniert bei jedem Satz, den Ursula Assaf mir erzählt, Bilder, Handlungsstränge, Erzählkonzepte, Perspektiven, Plots, Tonarten ...

Bei der ersten Erwähnung des Wortes Krieg spannt sich ihre Gesichtshaut ein wenig, als hätte ich einen Trauerfall in der Familie, etwa den Tod eines Kindes, berührt, und das zarte Narbengewebe, das über den Schmerz gewachsen ist, risse wieder auf.

»Man sollte nicht darüber reden«, sagt sie, gegen die Tränen kämpfend, »sonst kommt alles wieder hoch.« Und als ich auf den Glauben zu sprechen komme: »Christsein hilft gar nichts gegen die Angst, höchstens vielleicht hinterher, zu verzeihen.«

Wie ernüchternd der erste Teil dieses Satzes aus ihrem Mund klingt – womöglich ist es auch nur meine Sentimentalität, die auf etwas anderes gehofft hatte, und wie sehr das ein wenig von den übrigen Worten abgesetzte »vielleicht« alle Hoffnung auf eine friedlichere Zukunft relativiert.

Immerhin fügt sie hinzu: »Vor dem Krieg lebten die Libanesen in den Ghettos ihrer Religionszugehörigkeit und waren leicht empfänglich für Feindpropaganda. Heute sind sie offener – libanesischer.«

Das deckt sich mit dem, was Abbas mir erzählte: daß viele Moslems und Linke erst mit der Erfahrung des Kriegs den Staat Libanon als verteidigenswertes Gut schätzengelernt haben – erst, seit er um ein Haar nicht mehr existiert hätte und auch alles andere als souverän existiert.

Wir springen von einer Zeit in die andere, von einer Episode zur nächsten, von einer Erinnerung in die folgende, gegensätzliche. Und die ganze Zeit ordne ich im Kopf mit, um Chronologie und Logik in die Geschichte zu bringen, um sie zunächst nachvollziehen zu können, damit ich sodann selbst entscheiden kann, wo die Schwerpunkte liegen, an welchem Punkt angehoben werden müßte, um von dort aus in großen Bögen nach vorn und hinten ausgreifend eine Spannung zu erzeugen, eine Entwicklung deutlich zu machen und die Tragik der vergehenden Zeit genauso wie die Zeitlosigkeit und ewige Gegenwart des epiphanischen Moments einzufangen.

Ihre Geschichte beginnt in Duisburg, im Vorkriegs- und Kriegs-Duisburg, und es ist schon ein halber Roman, mir ihr Mädchengesicht in Ruhrort, in Meiderich zwischen den Hafenkränen, den Hochöfen, den Bombentrichtern vorzustellen. Assaf hat sie in den Sechzigern in Freiburg kennengelernt, wo sie studierte und er, der in Straßburg promoviert hatte, Sprachkurse gab. Bei der Begegnung zwischen der diaphanen Orientalistikstudentin und dem orientalischen Faun: Achtung, Klischee, Achtung, Kitsch! Um so mehr, als er Theologie studiert hatte und, wenn ich es richtig mitbekommen habe, damals bereits maronitisch ordinierter Priester war. Früher wäre das kein Problem gewesen, denn bei den Maroniten gab es kein Zölibat, und Assaf sagte mir bei einer Gelegenheit: »Natürlich ist das viel vernünftiger. Bei uns werden erfahrene Familienväter Priester, die aus eigener Erfahrung heraus Rat geben können.«

Doch seit die Maroniten sich freiwillig Rom unterworfen haben, versucht der Vatikan, der zwar offiziell die Statuten der maronitischen Kirche anerkannt hat, an ihrer Praxis zu sägen, und hat offenbar durchgesetzt, daß bereits verheiratete Männer zwar Priester werden können, daß aber ledige

Priester nicht mehr heiraten dürfen. Wie auch immer, es muß jedenfalls ein langes Hin und Her gegeben haben, bevor die beiden heiraten konnten, denn Frau Assaf erzählt mir, daß sie kurz nach ihrer Eheschließung in den Libanon gekommen seien, und das war bereits 1974, ein Jahr, bevor der Bürgerkrieg ausbrach.

Ein Jahr Glück und gemeinsames Arbeiten, stelle ich mir vor, in dieser Schweiz des Orients, Gibran und Gedichte und Sonne und Arkadien und dann fünfzehn Jahre lang Todesangst, jeden Tag.

Warum hatte Jussuf Assaf jahrelang das Goethe-Institut als einziges internationales Kulturinstitut offengehalten, unter Lebensgefahr, und noch lange, nachdem alle Deutschen längst getürmt waren. Warum auf die Gefahr hin, zu sterben und seine Frau alleine zurückzulassen? Aus Idealismus? Aus Liebe zur Kultur? Aus Pflichtbewußtsein, das er in Deutschland schätzengelernt hatte? Da wäre noch etwas über die hierzulande seit den Attacken auf Helmut Schmidt aus der Mode gekommenen »Sekundärtugenden« zu sagen, wie die Pflichterfüllung. Gott bewahre uns und die Welt vor den deutschen Primärtugenden, dem Idealismus in all seinen fanatischen Spielarten vor allem! Aber mit Sekundärtugenden läßt sich eben nicht nur ein KZ betreiben, meine Herren, sondern auch ein Goethe-Institut geöffnet halten in Zeiten des Krieges.

»Hat er eigentlich jemals ein Dankeschön zu hören bekommen?« frage ich Frau Assaf. Sie blickt mich an mit einem tiefen Blick, in dem über dem Bodensatz der Verachtung das klare Wasser der Ironie steht, und zuckt verneinend mit Schultern und Kopf. (Als ich später zu Stehle sage: »Wenn ich irgend etwas vom Sinn des Bundesverdienstkreuzes verstanden habe, müßte Assaf eigentlich längst eines bekommen haben«, erklärt er, daß auf seine Veranlassung hin wenigstens eine institutsinterne Blechmedaille und Ehrung zu seinem Abschied im kommenden Jahr herausspringen soll – was allerdings die höchst bescheidene Rente – die »eingeborenen« Mitarbeiter des Goethe-Instituts werden natürlich nicht nach BAT bezahlt, sondern mit ortsüblichem Lohn in der Landeswährung, die im Libanon von der Inflation entwertet wurde – auch nicht aufbessern wird.)

»Die Todesangst jeden Tag. Kommt er nach Hause, kommt er nicht? Steckt er fest? Ist ihm unterwegs etwas zugestoßen? Manchmal war er ja zwei Wochen in Westbeirut eingeschlossen, ohne jede Möglichkeit der Kontaktaufnahme. Nicht zu wissen, was ist ...«, sagt sie, beendet den Satz nicht, aber das Schweigen hallt nach. Das ergrauende Haar, an dem die mit Warten und Ausharren verbrachten Stunden zu messen sind.

Ich denke daran, was er erzählt hat: Wie er seinen Wagen, aus Jounieh kommend, im Hafen von Beirut in einem offenen Container abstellt, damit er nicht von den Granateinschlägen zerstört wird, wie er sich im Panzerwagen über die Greenline, die Kampflinie, chauffieren läßt, nur um dieses Institut neben dem Leuchtturm aufschließen zu können, damit eine Handvoll Libanesen weiterhin die Sprache Goethes lernt.

Sie erzählt von dem Tag, als er während der Rückfahrt auf der Schnellstraße nach Jounieh vor einer der zahllosen Straßensperren und Kontrollpunkte anhalten mußte, wie die Milizionäre ihn aus dem Auto zerrten, wie sie ihn zusammenschlugen ...

Ich sehe: Wie sie ihn ohrfeigten, daß sein Kopf mit der schwarz- oder bereits graugelockten Mähne nach links und nach rechts flog, wie sie ihm mit beiden Händen auf die Ohren schlugen, bis er taub war, wie sie ihm in den Magen und die Hoden traten, daß er auf die Knie fiel, wie sie ihm dann auf die Milz und die Leber schlugen, wie sie den Daliegenden mit Fußtritten ihrer staubigen Armeestiefel bearbeiteten, wie er mit den aufgeschürften Händen versuchte, das Gesicht zu beschirmen. Wie sie auf ihn spuckten, wie sie sein Auto ausräumten, mit dem Messer alles zerschnitten, die Dachverkleidung herausrissen, wie sie dabei lachten und rauchten und auf ihn spien. Wie dann einer noch den Trauring an seiner Hand entdeckte und abzureißen versuchte, so daß das Gelenk fast aus der Pfanne sprang, und ihn dann unter Flüchen und Beleidigungen tatsächlich abdrehte und in die Tasche steckte. Wie das Blut über seine Stirn, an seinen Schläfen hinunterlief in staubig roten Rinnsalen und Schlieren und aus dem Mund mit den ausgeschlagenen Zähnen und der zerbissenen Zunge. Wie sie ihn wegkriechen ließen und noch eine Garbe neben ihn feuerten, daß der Asphalt zerplatzte und ein Hagel spitzer Steinchen auf ihn niederging.

Was sie womöglich von ihm verlangten. Wozu sie ihn womöglich zwangen. Was sie ihn vielleicht sagen ließen ...

»Er war ein anderer, als er nach Hause kam«, sagt seine Frau. »Er hat lange gebraucht, Monate, um damit fertig zu werden.«

Aber warum sie sich das angetan hätten, frage ich. Sie konnte zurück nach Deutschland, und er hätte mitkommen können.

»Jussuf hat doch immer solch ein Heimweh. Er hält es nie lange draußen aus.«

Gewiß waren die beiden ab und an in Deutschland, er nur ein oder zweimal, sie öfters, wann immer es die Möglichkeit gab auszureisen, aber irgendwann mußte sie doch immer wieder zu ihm zurück, und da man nie wußte, ob die Einreise möglich war, blieb sie meistens lieber bei ihm.

»Einmal«, erzählt sie, »gab es im ansonsten gesperrten Libanon eine kurzfristige Ausreiseerlaubnis aus dem Hafen von Jounieh, der ja lediglich ein Yachthafen ist. Mehr als tausend Menschen warteten auf der Mole, um fortzukommen, aber da waren nur einige kleine, offene Barkassen.«

Sie stand ebenfalls an, denn sie hatte versprochen, die zwei kleinen Kinder einer Freundin mit hinauszubringen, die bereits draußen war und nun nicht mehr zurückkonnte, sie zu holen.

Sie fuhren zwölf Stunden im Stehen durch die Nacht über das Meer nach Zypern. Zwölf Stunden stehend durch die Dunkelheit, inmitten der dicht an dicht aneinander klebenden, einander vom Hinfallen, Niedersinken abhaltenden Menschen auf dem überladenen Boot, die Kinder übergaben sich, Panik brach aus, der Kapitän in seinem Führerhäuschen war angetrunken, brüllte, lallte. Im Morgengrauen erreichten sie die zypriotische Küste.

Filmbilder sind das in meinem Kopf, mehr als literarische.

Der Schmerz, der Schrecken, das Entsetzen – das ist bekannt – lassen den Menschen verstummen. Die Sprache hört einige Zeit vor dem zu recht so genannten »Unsagbaren« auf und fängt erst eine Weile danach wieder an. Und wenn man dem Unsäglichen, dem wir höchstens mit tierischen Lauten begegnen, dem Schrei, dem Klageruf, im lange Zeit später folgenden Gespräch eine Form geben muß, einen Anfang, ein Ende, bleibt nur, als das menschenfreundlichste, weil leichteste Transportmittel, die Anekdote ...

Auch die nächste Episode, die Frau Assaf mir erzählt, ist hollywoodtauglich: Einmal während des Kriegs wurde ein Klavierabend gegeben in Jounieh. Plötzlich Lärm, Beben, Erschütterungen: ein Bombenangriff auf den Hafen. Alle flüchteten in den Keller und blieben dort vier Stunden lang zusammengekauert sitzen. Als alles wieder ruhig schien, stiegen die Mutigsten hinauf; die anderen kamen nach und nach auch. Eine der ersten, die ans Licht kam, war die Pianistin. Sie klopfte ihr Kleid ab, setzte sich wieder ans Klavier und spielte genau dort weiter, wo sie sich unterbrochen hatte.

Ich will eine Archäologie der Haut betreiben, in diesem Land der Grabungen und sedimentierten Geschichten, will genauer erkunden, wie die Runzeln und Falten, die feinen Krähenfüße und Linien in dieses Gesicht gekommen sind, was den ehemals mächtigen Rücken des Manns gebeugt und seine Schultern gestaucht hat und was seine Augen über den Drüsenzartheiten momenteweise so abgründig müde macht.

Jetzt erzählt sie mir, wie sie nach einer Ausreise und einem Aufenthalt in Deutschland versuchte, in den umkämpften Libanon zurückzukommen. Im Flugzeug hörte sie wie jedermann Radio, die Nachrichten. Die altbekannte Leier: Schwere Kämpfe um den Beiruter Flughafen. Der Flug wird umgeleitet, sucht einen Ausweichflughafen, wahrscheinlich Kairo. Dort beginnt die Wartezeit. Transit Lounge, stundenlang, einen Tag und eine Nacht, noch einen Tag. Schließlich heißt es, eine Maschine wird in einem Rundflug über die Region die wenigen, auf den verschiedenen Flughäfen wartenden Passagiere aufsammeln, die dennoch, trotz der Gefahr, unter allen Umständen nach Beirut müssen.

»Und ich mußte doch! Jussuf wartete doch am Flughafen auf mich ...«

Ich versuche mir auszurechnen, wieviel Tage er dort wartete, irgendwo verbarrikadiert, während die MP-Salven übers Rollfeld knattern.

Es sei der entsetzlichste Flug gewesen, erzählt sie, den sie jemals mitgemacht habe. »Nur eine Handvoll Leute saß in der großen Maschine. Alle hatten Angst, alle waren in Panik, alle hörten ohne Unterlaß, das Kofferradio am Ohr, die Nachrichten. Die Stewardessen selbst waren derart mit den Nerven fertig, daß sie alles fallenließen, was sie in den zitternden Händen trugen. Es war ein Lärm und Geklirr in der Kabine, als stünde die Maschine schon unter Beschuß.«

Irgendwann sind wir beide müde und matt, sie vom Erzählen und Heraufrufen all dieser Erinnerungen, ich vom Zuhören auf mehreren Ebenen. Ein solches Gespräch hat keine Dramaturgie, dementsprechend auch kein Ende. Es versiegt einfach irgendwann ... irgendwann verstummen wir beide einfach ...

*

**An einem der nächsten Tage** klärt Abbas mich auf: Unsere Gastgeber aus Antelias sind alle weit davon entfernt, Bonzen und stinkreich zu sein. Eher handele es sich bei ihnen um arme, ehemalige Bauern aus den Bergen, die ihr Leben lang von der Stadt geträumt haben und städtisches Benehmen nachahmen. Alle haben sie schlecht bezahlte Jobs im öffentlichen Dienst, sind Unidozenten oder wie die Frau eines der Männer, Volksschullehrerin. Selbst der Bankangestellte sei ein kleiner Fisch. Vor ihrer kulturellen Arbeit, vor allem ihrer im Krieg gezeigten Überparteilichkeit, habe er den größten Respekt.

*

**Besuch mit Abbas** in der Redaktion einer Wochenzeitung, in der ein alter Freund, ein Romancier, Feuilletonchef ist. Seine drei Redakteure bilden zugleich drei Generationen von Lyrikern. Alle sprechen englisch, nicht französisch.

Der Chef, ein von Abbas sehr geschätzter Autor, leicht ergrauender Lockenkopf, dem anzusehen ist, daß er gerne lebt und leben läßt, erklärt: »Meine Kinder sagen mir, wir warten, bis deine Bücher auf englisch oder französisch erscheinen, bevor wir sie lesen.« Keine Lust auf die uncoole eigene Sprache.

Im Büro stapeln sich die arabischen Ausgaben von *Newsweek*, an den Wänden hängen zwei Kinoposter: »Celebrity« mit Di Caprio und »Eyes Wide Shut«.

Über dem Schreibtisch des jüngsten Redakteurs ist eine Schwarzweißkopie des offiziellen Photos der deutschen Fußballnationalmannschaft an die Wand gepinnt. Darauf handschriftlich der Satz: »Deutschland über alles.«

Ich klage unser Leid, daß die Deutschen so selten schön spielen. Er dagegen, deutsche Tugenden verteidigend: »*In football, I don't like ballet and dancing. I like power!*« Zu meinem größten Erstaunen erfahre ich, daß die deutsche Mannschaft hier viele Verehrer hat (fast so viele wie die Brasilianer) und viele Leute das WM-Endspiel angesehen haben.

Irgendwie kommen wir vom Fußball auf den bevorstehenden Irakkrieg: »Hoffentlich kommen die Amerikaner. Hauen alles weg. Saddam, Syrien, Iran. Ja, Syrien auch. Die Syrer hier im Libanon sind wie die Russen 1968 in der Tschechoslowakei: ›Wir sind hier für das Wohl des ganzen Volkes.‹ Bloß hat niemand das Volk gefragt. Danach schauen wir mal. Wenn die Amerikaner etwas machen, das uns nicht gefällt, werden wir sie vielleicht selbst bekämpfen. Aber erst sollen sie einmal kommen – *Let them come and put away all this shit!*«

Dann über seine Lyrik; er ist Jahrgang 1966, ein junger Mann mit rundem, weichem Gesicht, ein klein wenig sybaritisch verfettet und mit Oscar-Wilde-artigem vollem gewelltem Haar: »Wir sind die Generation der Stunde Null. Wir sind die *bad-boys* der libanesischen Literatur, unsere Ästhetik orientiert sich am, wie nennt man es: *trash*, an Video- und Filmtechnik, mit schnellen, harten Schnitten. Wir glauben an gar nichts. Wir sind Zyniker. Die Zivilgesellschaft ist durch den Bürgerkrieg völlig zerstört worden.«

Beeinflußt seien sie unter anderem von der Dichtung von Abbas: »Er ist kein Standbild, das man anbeten muß wie Adonis, eher ein Fluß, in den man eintauchen und in dem man schwimmen kann.« Seltsam, in diesem Moment zu Abbas hinüberzublicken, der mit einem der Redakteure, seinem alten Freund, scherzt: präsent und irgendwie bereits historisch, ein Kumpel und zugleich eine Legende, eine Referenz. »Außerdem kommen wir von Bukowski und René Char.«

Dann klingelt das Telefon, und er verabredet sich mit seiner Frau für den Abend, um in »Gangs of New York« zu gehen.

Auf Abbas wartend, plaudern der Feuilletonchef und ich über seine legendären Verspätungen, seinen dehnbaren Zeitbegriff (»wie ein Jemenite: ›Wir treffen uns vor dem Gebetsruf oder nach dem Gebetsruf‹ ist deren präzisester Zeitrahmen für Verabredungen«), seine Zerstreuter-Professor-Attitüde (der ausgetauschte Mantel in Berlin, die mit H. vertauschten Brillen). Der junge Redakteur grinst: »*We call it Abbas-timing in Beirut.*«

*

**Lasse mich auf dem Rückweg** von Abbas und seinem Freund unten in Raouché am Fuß der Felsenküste absetzen, um ein wenig zu bummeln. Seltsames Gefühl, zum ersten Mal, seit ich hier bin, nichts zu tun zu haben, keine Verabredung, Zeit. Das vermischt sich mit einer Sonntagslethargie, von der mir die ganze Stadt ergriffen scheint. Auf der felsigen Landzunge, die sich hinab zum Meer senkt, Geröll, Steine und Brachland, ein wenig Sand und Strandhafer, trockenes Gras, picknicken Familien, spielen Kinder. Musik aus Kassettenrecordern und Kofferradios wird vom Wind umhergeweht. Weit unten am Meer zwischen Baggern, Wellblechhütten und Schrebergärten sind die Angler als feine Vs auf das Meeresblau kalligraphiert.

Jugendliche beider Geschlechter sammeln sich mit Vorliebe einen Fußbreit von den fünfundzwanzig Meter tief abfallenden Felsen in provokativer (und wie ich meine dem Krieg und seinen Traumata geschuldeter) Todesnähe. Wenn die jungen Männer sich rempeln und schubsen, wird mir ganz blümerant (bin nicht in der Lage, in Gegenwart anderer näher als auf vier Schritte an den Abgrund heranzutreten, und sehe mich nach Dingen um, an denen ich mich festhalten könnte, käme jemand auf die Idee, mich packen und runterwerfen zu wollen).

Es herrscht aber eine Atmosphäre von »Hier bin ich Mensch, hier darf ich's sein«: Toleranz, *laissez faire*, trotz des häßlichen Streits zwischen zwei kleinen Jungen, der erste wirft Steine auf den zweiten, beschimpft ihn und seinen Vater, der seinen Sohn kräftig ohrfeigt, in den Wagen zerrt, davonfährt. Der erste kann nicht aufhören, wirft Steine aufs Auto, die treffen, rennt weg, wenn der Vater Anstalten macht, anzuhalten, auszusteigen und ihn zu verfolgen, die nicht sehr ernsthaft sind, da er ihn doch nicht kriegen würde. Einige schauen zu, niemand mischt sich ein.

Am Hang, wieder hinauf zur Promenade kletternd, entdecke ich kleine Kätzchen und hoffe, der steinewerfende Knabe möge sie nicht finden, da ich ihn instinktiv für fähig halte, sie zu quälen und zu töten.

Oben auf der Felskuppe an der Corniche setze ich mich, sonntäglicher Müßiggänger, der ich bin, ins Petit Café auf die Terrasse über dem Abgrund gegenüber der Grotte aux Pigeons. Am Nebentisch eine libanesische Frau, Mitte Dreißig mit den üblichen gezupften und wieder nachgezogenen Brauen und der im Moment modischen, in allen Boutiquen aushängenden Fransenkleidung. Raucht Wasserpfeife. Legt (wie jedermann hier, der sich irgendwo hinsetzt) das Handy vor sich auf den Tisch, das dann auch zuverlässig zu klingeln beginnt. All die Klingeltöne der Handys hier übereinandergemixt, ergäben den Soundtrack zum Film dieser Stadt.

*

**Um Punkt acht Uhr abends** stehe ich mit Blumen auf Leslies Türschwelle, und als sie mich begrüßt und fragt, was ich den Tag über gemacht habe, und ich sage: »Nichts«, fällt mir siedendheiß ein, daß ich – von wegen »nichts zu tun« und »Sonntagslethargie« – um vier Uhr mit Abdou Wazzn von *Al-Hayat* zum Interview verabredet war. Geschockt von meiner ungewohnten Vergeßlichkeit und verärgert über mich selbst. Vergebliche Versuche, Wazzn zu erreichen.

Abbas und Rachid kommen, Abbas lacht sich tot, meint, er habe mich kontaminiert: »*Ah, mon pauvre ami, tu t'es déjà orientalisé!*« Ein pünktlicher, verläßlicher, korrekter Deutscher wie ich, welch tiefer Fall!

Leslie bewohnt den gesamten achten Stock eines modernen Hochhauses. Im Eingang und im Aufzug riecht es nach feuchtem Putz. Leslie beklagt die miserable Verarbeitung und quasi inexistente Isolation des schnell hochgezogenen Hauses. Die Einrichtung dagegen ist schön und feminin, Decken, Kissen, Plaids, Muster, warme Farben, Bilder, Wandbehänge, Skulpturen, Nippes, Zeichen von Leben – welch ein Kontrast zu Rachids Wohnung!

Im Zimmer von Schuschi, der Tochter, merke ich, daß ich älter werde. Die Wände sind, wie alle Wände von Pubertierenden zu allen Zeiten, mit Postern von Popstars behängt. Leslie bemerkt kritisch, daß die Grenze zwischen Popsängerinnen und Pornodarstellerinnen verschwimme. Tatsächlich bin ich schockiert. Alle sitzen sie mit weit gespreizten Beinen da – die Silikonbrüste springen einen an, die Hosenbünde sitzen so tief, daß die Scham mehr sichtbar als erahnbar ist – oder knien mit hochgerecktem Hintern auf allen vieren, die Zunge im Mundwinkel, die stumme Aufforderung »Fick mich« auf den Lippen, wobei dies vermutlich genau die falsche Interpretation der ganzen Inszenierung ist, die beweist, daß ich die Kommunikationscodes der Jetztzeit nicht mehr kenne.

Wundervolles babylonisches Sprachgewirr: Leslie kommuniziert mit ihren Kindern abwechselnd auf englisch, arabisch und deutsch, dazwischen mit uns in einem Französisch, das halbsatzweise auf charmanteste Art ein Italienisch mit *accents* und Diphthongen ist, mit mir exklusiv auf deutsch, wendet sie sich an Abbas und Rachid, auf arabisch.

Beim Abendessen erzählt Rachid von seiner Kindheit: Es gab nur ein einziges Schlafzimmer im Haus, darin stand ein einziges Bett. Das war für den Vater. Die Mutter und die zehn Kinder schliefen auf einem breiten Matratzenlager zu seinen Füßen, wobei die Kleineren zur Linken der Mutter lagen, die Größeren zur Rechten. Ab einem gewissen Alter wechselte man von der linken auf die rechte Seite. Rachid hat leuchtende Augen bei seiner Schilderung des gemeinschaftlichen Familienlagers und deutet mit den vor der Brust verschränkten Händen eine beträchtliche Zunahme seines Körperumfangs an. *Quelle force ça nous donnait!* Wir waren so stark, so solidarisch! Es war unvergeßlich, so dicht zusammenzusein, einen einzigen Körper zu bilden gegen die Welt.

*

**Fahrt zur letzten Lesung** nach Tripoli. Mit im Bus Frau Kassir, die Bibliothekarin des Goethe-Instituts. Geschminkt, mit kurzem blondem Haar, eine attraktive, elegante Dame, in Würde, weil ohne Tarnung gealtert und daher jugendlicher wirkend als viele jüngere Frauen und ungleich interessanter. Sie erinnert mich an eine der englischen Kolonialladys, die sich und den Ihren ein halbes Jahrhundert lang in einer fremden, gefährlichen Welt mit *stiff upper lip*, Gin, Mut, Mutterwitz, *understatement* und Selbstdisziplin ein Zuhause geschaffen haben.

Hat, ähnlich wie Assafs, ein hartes Leben geführt, immer am Rand der Lebensgefahr und vor allem immer in Angst. Ihr Mann, Libanese aus Tripoli, ist Kameramann bei der ARD, hat während des Bürgerkriegs hier die deutschen Journalisten herumgeführt, sofern sie sich aus ihrem Hotel trauten. Mit einer Mischung aus Stolz, Liebe und Verzweiflung sagt sie, sich erinnernd: »Er ist solch ein Draufgänger.« Und: »Er hat mich nie zur Ruhe kommen lassen.« Scheint darüber aber ganz glücklich zu sein.

Über den Krieg: »Wenn ich daran zurückdenke, fange ich immer noch an zu stottern, und ich habe das Gefühl von zwei falsch übereinandergelegten Bild- und Tonspulen.«

Dann sagt sie einen Satz, der mir zu denken gibt, im Hinblick auf unsere eigene Eltern-/Großelterngeneration: »Man leidet nach solchen Erfahrungen automatisch an Gedächtnisverlust. Man vergißt einfach alles. Als uns das auffiel, haben wir uns gezwungen, alles sofort aufzuschreiben.«

Aber mitteilbar, erzählbar, einem Außenstehenden kommunizierbar, mit dem zeitlichen Abstand, sind doch nur Anekdoten.

»Über eine gewisse Periode des Kriegs hin«, erzählt Frau Kassir, »gab es in Beirut kein Wasser. Tripoli, wo mein Mann herkommt, war isoliert, aber dort gab es welches. Die einzige Möglichkeit, vom umkämpften Beirut hinzukommen, war per Flugzeug, mit einer Maschine, die kaum abhob für die paar Kilometer. Aber so bin ich zweimal die Woche mit meiner Schmutzwäsche in Beirut ins Flugzeug gestiegen, habe sie in Tripoli gewaschen und bin abends wieder zurückgeflogen.«

Wir bekommen einen Führer. Ich lasse mich wieder einmal vom Anschein und meinen Vorurteilen täuschen: Ein kleiner runder Mann von undefinierbarem Alter, mit Schiebermütze, kurz gestutztem graublondem Schnurrbart, mißfarbener Lederjacke, Cordhose, Typ Taxifahrer aus den Fernsehspielen der sechziger Jahre (Wolfgang Gruner oder Willy Reichert), so daß ich davon ausgehe, er sei uns nur zugeteilt, um uns vor Belästigungen zu schützen, und werde auf gute Kolonialistenart mit ein paar Münzen für seine Mühe abgefunden.

Statt dessen stellt sich heraus, er ist an der TU Stuttgart diplomierter Geologe und Paläontologe (hat dort zehn Jahre gelebt), dazu beeideter Dolmetscher (»Ich besitze ein Diplom der HK Düsseldorf!«), leitet eine eigene Sprachenschule bei Tripoli.

Wir tauchen ein in die alte, seit achthundert Jahren kaum veränderte Mameluckenstadt, die in etwa den heutigen Souk umfaßt. Herr Kassir, der zu uns gestoßen ist, und unser Führer beginnen sofort einen regelrechten Historikerstreit über die Geschichte ihrer Heimatstadt.

Nach wenigen Metern schon leiste ich unserem Führer im Geiste Abbitte, denn er deutet auf eine Treppe, die zwischen zwei Häusern aus dem Souk hinaus und hinaufführt und sagt in fließendem, ganz leicht schwäbelndem Deutsch: »Es gibt viele Gemeinsamkeiten zwischen Tripoli und Stuttgart. Hier zum Beispiel die Staffeln!«

Oben angekommen, stehen wir vor der Zitadelle Sangil (Saint Gilles) der Kreuzritterburg, die lange Tripoli kontrollierte. Von den Zinnen Rundblick auf die von modernen Hochhäusern wie von Palisaden eingefaßte niedrige, winzige Altstadt. Dunstige Häuserwüste, deren Grau am Horizont irgendwo mit dem Grau des Meeres ineinanderfließt – die Stadt zeigt dem Wasser die kalte Schulter.

Im Moment, da ich die Mauer erklommen habe und über mir nur mehr Himmel ist, beginnt von allen Moscheen der Gebetsruf der Muezzine, so daß mir dort oben fast schwindlig wird von den von überall her auf mich einstürzenden kehlig langgezogenen Rufen, als stünde ich inmitten kreischender Möwen auf einer Klippe. Es sind bestimmt zehn, fünfzehn psalmodierende Sänger oder Tonbänder, deren Melodielinien einander umwinden, sich ineinander schlingen wie aus den nahen und ferneren, größeren und kleineren Minaretten wehende endlose bunte Bänder.

Das islamische Pendant zum Beginn von Thomas Manns »Erwähltem«: »Glockenschall, Glockenschwall supra urbem« ... Man hat instinktiv das Gefühl, etwas Wichtiges, Erhabenes sei dabei zu geschehen.

Halsbrecherischer Balanceakt von Herrn Kassir auf einem zwanzig Zentimeter breiten Sims zehn Meter über dem Grund, um einen besseren Blick auf den tief unten kanalisiert vorüberfließenden Fluß zu haben – wie die Jugendlichen auf der Felskante in Raouché! Es hat etwas von den Tod herausfordern oder ihn am Bart kraulen, der ein alter Bekannter ist; eine bestimmte Form von Angst, Sicherheitsbedürfnis, Selbsterhaltungstrieb scheint diesen Leuten durch den Krieg abhanden gekommen – inschallah ... auch wenn sie Christen sind oder waren. Ich muß an den

Satz seiner Frau denken: »Er ist so fürchterlich draufgängerisch …«

Die Schönheit der Waren im Souk.

Was ist es, das mich in den schmalen, dämmrigen, teils mit Zeltbahnen überspannten, achthundert Jahre alten Gassen, in denen immer einmal wieder romanische Strebebögen einer alten halbvermauerten Kreuzfahrerkirche oder korinthische Säulen emporwachsen und wo unter hohen Gewölben das metallische Geflatter einer Turteltaube widerhallt, in einen solchen Kaufrausch treibt?

Vielleicht mehr als alles andere die Abwesenheit von Verpackungen, die die Dinge zu sich selbst hin befreit. Der Souk ist das Gegenmodell zu unserer hochentwickelten Packaging-Kultur, und seine Verführungskraft sollte ihr zu denken geben. Diese aufsteigenden, einander umschlingenden, sich vereinigenden, sich abstoßenden Düfte, in denen die Lebendigkeit der Ware, ob Apfel oder Holzkästchen, gefangen ist, aber auch ihr Ursprung, ihre Herkunft und ihre Herstellung steigen einem in die Nase und von dort aus weiter ins euphorisierte Hirn, das mit einem Ausstoß von Bildern, Sehnsüchten und Wollüsten auf sie reagiert.

Das haptische Vergnügen, berühren zu dürfen, sei es die perfekte runde und kühle, zugleich aber zarte Glätte einer Seife aus Olivenöl im Dämmer der Siederei, wo die bunt gefärbten Kugeln ausliegen wie Pfirsiche, sei es die samtige Farbenpracht und Leuchtkraft einer damaszenischen Stoffbahn, deren von Goldfäden durchwirktes Königsblau an die Photos der Erde erinnert, die auf dem Weg zum Mond aufgenommen wurden, weckt die Erinnerungen der Handfläche an andere Berührungen, Liebkosungen.

Ja, es ist Erotik. Diese Stoffe über den Arm gleiten zu lassen, diese Seifenkugeln in der Handmuschel zu spüren, diesen Kreuzkümmel einzuatmen, schüttet Endorphine aus.

Nur, wo soll man kaufen?

Schon Elias Canetti fragte sich in seiner unvergleichlichen Schilderung der Souks von Marrakesch, was einen in den Gilden-Gassen, in denen die gleichen Produkte von Dutzenden von Händlern angeboten werden, eher zu dem einen als zu dem anderen treibt. Es müssen ihre Gesichter sein. Da die Stoffe, die Möbel, die Gewürze, die Früchte alle denselben Reiz ausstrahlen, verweilt das Auge des Käufers weniger auf ihnen als auf dem Gesicht und im Blick des Mannes, der zu ihnen gehört, und versucht, aus der Physiognomie, aus dem Mienenspiel, aus den Worten und Gesten auf die Qualität der Waren zu schließen.

Als wir den Souk verlassen, bin ich erschöpft wie nach dem Liebesspiel.

Nach der Lesung, bei der Abbas einem der Zuhörer antwortet: »Das Ergebnis dieser Begegnung? Eine Freundschaft!«, sind wir bei einem bürgerlich-intellektuellen Ehepaar eingeladen, »Freunde der Kunst« – dabei beide auch selbst Literaturwissenschaftler. Eine Dreiraumflucht dient als Salon mit im Faubourg St. Antoine erstandenen Louis-Seize-Replica-Möbeln, Kronleuchtern, Kirschbaumvitrinen, Perserteppichen. Die übliche stumme Filipina schlappt herum und pickt hier und da etwas auf, das nicht am rechten Fleck, oder verrückt etwas, das nicht im rechten Winkel liegt.

Die Dame des Hauses reicht den Aperitif und Petits fours, wie nach einer Lesung von Mauriac im Heim eines französischen Provinznotabeln zu Zeiten der *traction avant* ... Als ich gerade mit einer gewissen Gönnerhaftigkeit (ich, der Künstler) einen Keks von dem Silbertablett greife, das sie mir hinhält, erfahre ich vom neben mir sitzenden Abbas, daß sie Heideggers *Sein und Zeit* ins Arabische übersetzt hat, und bekomme einen Hustenanfall.

*

**In der Redaktion** von *As-Safir* Unterhaltung mit zwei Redakteurskollegen von Abbas, die mich nach meiner Meinung zu Heidegger fragen und die (wie ich abends von Abbas erfahre) zutiefst schockiert sind über meinen Abscheu vor dem Menschen und eben auch, untrennbar davon, meine Abneigung gegen sein Denken (und die Sprache, in die es sich kleidet). Er gilt auch (oder gerade) hier als philosophischer Gott, was mir zu denken geben sollte, statt dessen frage ich mich, inwieweit er nicht eher eine subtile internationale Währung geworden ist, eine Art Travellercheque für Bildungssnobs.

Daß er, anders als Adrian Leverkühn in seinem Teufelsgespräch, den Mut hatte zu sagen: »Wo ich bin, da ist Meßkirch«, darin liegt der ganze Fluch deutschen Intellektuellentums im vergangenen Jahrhundert.

Hinterher sage ich mir, daß ich mit meinem Haß auf ein Philosophieren, das die »Zivilisation« verachtet und eben nicht rein zufällig seinen Urheber in Hitler einen Messias sehen läßt, natürlich höchstens europäischen Demokraten verständlich sein kann, nicht aber arabischen Intellektuellen, für die es täglich gelebte Praxis ist, besser nicht nach den Konsequenzen des Denkens im Handeln und nach der Praxis einer Theorie zu fragen.

*

»*La volonté de faire la guerre est latente, pas vaincue.* Wie kommt es«, fragt Rachid mich lauernd, »daß alle Individuen gegen den Krieg sind, aber trotzdem überall ständig Krieg herrscht?«

Ich erzähle, daß in Deutschland der Krieg als Mittel und Möglichkeit binnen drei Generationen etwas Unvorstellbares, ein Tabu geworden ist. Daß es als unzumutbar angesehen wird, ein einziger Deutscher könne in einem Konfliktfall die Waffe erheben oder, schlimmer noch, selbst verletzt werden. Das zeige doch, sage ich, daß auch in einem früher als militaristisch verschrienen Land die Dinge sich in einem halben Jahrhundert grundlegend ändern können.

Er widerspricht, das sei *une fausse culture de paix,* denn wer produziere, exportiere schließlich die Waffen, mit denen sich die außereuropäischen Völker gegenseitig hinmetzeln, wer treibe florierenden Handel mit den kriegerischen Diktaturen?

Auch Abbas hat wenig Verständnis für unseren Unwillen, Krieg gegen den Irak zu führen.

»Was ist das Schreckliche am Krieg?« fragt er mich, »weshalb hassen die Leute ihn? Nun, weil Menschen darin ermordet und verstümmelt werden, ihre Familien und Freunde verlieren, ihr Heim. Weil sie verletzt werden oder verhungern oder vertrieben werden oder in Gefangenschaft geraten. Nun, und wie leben die Menschen im Frieden in einer Diktatur wie der Saddam Husseins? Sie werden ermordet und verstümmelt, sie verlieren ihre Familien und Freunde und ihr Heim. Sie werden gefoltert und vertrieben, sie verhungern und werden eingekerkert. Es HERRSCHT dort Krieg. Es ist lächerlich zu sagen, wir wollen den Krieg verhindern. Die Menschen dort kennen gar nichts anderes als Krieg!«

»*Il y a un bonheur à faire la guerre, les gens étaient heureux!* Es macht Freude, Krieg zu führen, die Leute waren glücklich!«

Rachids Augen funkeln, als er sieht, daß mich sein von Herzen zu kommen scheinender Ausruf schockiert.

Aber es dauere nicht, das Glück, gibt er zu. Der Enthusiasmus der jugendlich-idealistisch abenteuernden Art, den er aus den ersten Tagen des libanesischen Bürgerkriegs erinnert, läßt mich an die Berichte aus dem spanischen Bürgerkrieg denken (von der republikanischen Seite natürlich) und an die Mythen von der sandinistischen Befreiung Nicaraguas, die ja auch mich aus ähnlichen Sehnsüchten so sehr anzog, daß ich schon das Flugticket nach El Salvador in der Tasche hatte, als die Nachricht vom Sturz Somozas kam.

Rachid überrascht mich immer wieder. Der einzige Libanese, der die Verkehrsregeln respektiert, manchmal glaubt man, als Demonstration von Bürgersinn, dann, um sein »wunderbares« Auto vor Beulen zu schützen. Der einzige pünktliche Libanese, so pünktlich und verläßlich, daß seine Pünktlichkeit zu einem ständigen Vorwurf wird – mit alledem spielt er. Was davon ernst gemeint ist, also einer Überzeugung entspringt und ein Handlungsprinzip ist, wird nie klar. Was ihn für viele Leute unlesbar und verwirrend-beängstigend macht. Der Punkt ist: Ich glaube, er weiß das selbst nicht, bei ihm sitzt der Kriegsschock so tief im Körper, in der Narbe am Hals, in der glatten transplantierten Haut, in der Wetterfühligkeit im Bein, aus dem ihm Nervenstränge herausoperiert wurden, daß er die Realität nur mehr wie ein Spielbrett sieht und sein Leben, seine Existenz als beständigen Einsatz in einem absurden

Spiel darbringt, dessen Regeln niemand kennt, weil sie für jeden Spielzug neu erfunden, improvisiert werden müssen. Die einzige Art, mit ihm zurechtzukommen, ist, selbst zu improvisieren, ist, »rinks« zu sagen, wenn er »lechts« sagt. Nur wenn er ebenso stocken muß wie man selbst, folgt das tiefe, zarte Lächeln von Verständnis, und der Austausch mit ihm wird möglich.

Das »Jüdische« an ihm. Trotz seiner Abneigung gegen Israel schon in der ersten Unterhaltung und seiner Paranoia betreffs der zionistischen Weltkontrolle war die erste Analogie, die mir zu ihm einfiel, die mit Woody Allen. Warum? Das Verwirrt-Verschmitzte seines Auftretens, das leicht Lauernde seiner Selbstironie, das Überrumpelnde seiner Offenheit im Fragen und Sichentblößen, die grinsend, dann wieder bitter vorgetragene detaillierte Hypochondrie, das augenzwinkernde *understatement*, das einen sich lächerlich fühlen läßt, wenn man sich als festumrissene, selbstgewisse Einheit präsentiert; gibt man sich jedoch seinerseits zerrissen, stößt er wie ein Habicht in die Blöße mit einer apodiktischen Meinung, die man unmöglich ernst nehmen kann, wozu einen doch sein todernstes Gesicht auffordert: ein Stadtneurotiker. Der Beiruter Stadtneurotiker.

*

**Fahrt mit Abbas** und Leslie in ihrem Cadillac zur Abendeinladung von Hassan Daoud. Zur Überaschung aller, auch seiner selbst, lotst Abbas Leslie ohne Umwege ins richtige Viertel. Die Wohnung sehr groß, bürgerlich, in der Ausdehnung zu vergleichen mit der in Tripoli, doch weniger epigonal, weniger Möbelhausberatung, mehr persönlicher Stil im Mobiliar, Bildern, Farben. Dabei durchaus nicht »bohemehaft«. Insgesamt vierzehn Leute da, darunter der Chef von Abbas mit einem sehr jungen, hübschen, kreischend lachenden und beständig, auch wenn niemand es ansieht, posierenden Mädchen und Elia Suleiman, der palästinensische Regisseur, dessen Film »Divine Intervention« in Beirut mit großem Erfolg läuft, der in Cannes prämiert und unter seltsamen Auspizien nicht zur Oscar-Wahl vorgeschlagen wurde. Suleiman hat in Aussehen und Gestik etwas von einem der von Richard Anconina dargestellten algerischen oder *juifpied-noir*-Kleingauner, zugleich die selbstsichere Entspanntheit des Künstlers, der in aller Munde ist.

Ein Gespräch mit ihm ergibt sich nicht, er sieht mich, als er mir die Hand reicht, an, als halte er mich für einen Spitzel. Oder bilde ich mir das nur ein?

Ich muß an die Begegnung mit jenem anderen Palästinenser denken, Mahmoud Darwish, den ich bei einer Konferenz im Wissenschaftskolleg aus der Nähe beobachten konnte. Ich glaube, ich habe in meinem Leben noch nie so kalte Augen gesehen wie die seinen. Meinem Blick nicht trauend, fragte ich mich, ob es nicht vielmehr müde Augen seien oder sogar tote Augen. Es lag keinerlei Boshaftigkeit in ihnen und auch an Arroganz nur das, was der Berühmtheit und ihren Anforderungen geschuldet ist. Schließlich dachte ich an Stahl, der seine Härte und seinen Glanz auch erst dadurch bekommt, daß er in infernalischer Hitze mit glühenden Hämmern bearbeitet und in Form geschlagen wurde.

Da der Raum damals voll war, mußten einige der Zuhörer auf der Fensterbank Platz nehmen. Ein jüdischer Wissenschaftler saß direkt hinter Darwish. Er hätte, die Hand ausstreckend, ihn berühren können. Ich bin sicher, daß Darwish diese Präsenz hinter sich spürte. Ich bin sicher, daß sie ihm mißfiel. Ich bin sicher, daß er, hätte dort ein Todfeind mit einem Messer in der Hand gesessen, sich dennoch keinen Augenblick lang nach ihm umgedreht hätte. Ich glaube, dieser furchtlose Mann verachtet den Tod.

Samaha, der Chefredakteur von *As-Safir*, antwortet auf meinen Satz, ich hätte bislang noch keinen einzigen religiösen Fanatiker getroffen, er könne mir morgen gleich vier Chefs von Hezbollah vorstellen, mit denen ich mich einen ganzen Abend über Literatur und Musik unterhalten könne, ohne daß ich auch nur einen Moment lang auf den Gedanken kommen würde, es mit Fanatikern zu tun zu haben. (Es sei denn, nehme ich an, ich würde Israel erwähnen oder irgendeinen jüdischen Künstler oder Amerika oder, oder, oder ...)

Es scheint mir jetzt eine entscheidende Erfahrungslücke meiner Reise zu sein, daß ich niemanden getroffen habe, mit dem die Verständigung eben doch an unüberbrückbare Grenzen gestoßen wäre, auch keinen Nichtintellektuellen, daß ich kein Armenviertel (wie das armenische im Norden von Beirut) besucht habe oder ein Ghetto wie Chatila. Keine »Authentizität« jenseits der schmalen Elite gebildeter Intellektueller. Allerdings bin ich in Berlin mit Abbas auch nicht in Asylantenheime oder zu Treffen mit NPD-Schlägern oder nach Marzahn gefahren und habe ihn nicht in die Plattenbauten geschickt, Wendeopfer kennenzulernen und alte Stasioffiziere ... Ich *kenne* diese Milieus nicht, automatisch gehe ich aber davon aus, meine hiesigen Freunde hätten Zugang zu *ihren* Gegnern und Antipoden ...

Samaha meint, das Projekt eines linken, laizistischen Libanon sei zwar gescheitert, habe aber doch bei allen Be-

teiligten seine Spuren hinterlassen, selbst bei denen, die das Konzept der Demokratie, das Konzept eines Staates Libanon ablehnen. Was er sagen will, ist: Man schlachtet einander nicht mehr so leichtfertig ab wie zuvor.
Lehre aus dem Libanon: Der unreflektiert-automatische Gedanke, nur in einer Demokratie gäbe es und gediehen Demokraten, ist ein Trugschluß. Die Demokraten hier sind ebenso demokratisch wie bei uns, nur formen sie keine »kritische Öffentlichkeit«, keine Zivilgesellschaft, die ein Merkmal demokratischer Staaten ist. Wenn Abbas etwas schreibt, verpufft es, d. h., es gibt keine öffentlichen Diskussionen oder Kritik, sondern Privatgespräche und ansonsten das große Schweigen.

Der Umkehrschluß allerdings: Die Existenz von demokratischen Intellektuellen reicht eben überhaupt nicht aus, um aus einem Regime wie dem des Libanon irgendwie organisch und sukzessive eine Demokratie wachsen zu lassen. Hier herrscht eine Einflußlosigkeit der demokratischen Intellektuellen, die letztlich viel größer ist als bei uns (und demzufolge eine gewisse Lethargie, ein Fatalismus ihrerseits, politisch zu wirken).

*

**Zum Abendessen gibt es** Gigot und Huhn, die der Pater Familias persönlich an- und aufschneidet. Beste bürgerliche Küche bzw. Hausmannskost im besten Sinne. Alle vierzehn Leute sitzen um einen großen Tisch herum. Im Hintergrund wie in jedem bürgerlichen Haus die Filipina. Viel Gelächter. Ganz genauso wie in Frankreich geht es hier bei Tisch nicht darum, Probleme zu wälzen oder Meinungen zu vertreten, auch nicht darum, den anderen sich und sein Schicksal als einen ungewollten und unverdaulichen Nachschlag auf den Teller zu klatschen, sondern darum, sich zu amüsieren mit Hilfe der Sprache. Eines der probatesten Mittel hierzu ist das Anekdotenerzählen. Jeder gibt eine zum besten, wobei es, mehr als um den Inhalt, um die gute Pointe, das Anfachen der allgemeinen *hilarité* geht, das Heben der Stimmung, der Laune, die Champagnisierung der Lebensgeister. Wo immer möglich, werden – hier genauso wie in Frankreich – solche Anekdoten mit der rhetorischen und moralischen Figur der Selbstironie erzählt; man ist mit Vorliebe der dumme August der eigenen Geschichten. Für Deutsche scheinen solche Abende und ihre Essenz, ihr Ertrag immer schwer nachzuvollziehen sein; selbst Leslie beklagt hinterher die »Oberflächlichkeit« der Gespräche, dabei ist es eine große Kunst und Zeichen großer Menschlichkeit, wenn Leute, die beisammen sind, einen freudigen, freudvollen und dabei geistreichen Abend verbringen wollen.

Jedermann steuert eine Geschichte über Abbas' Zerstreutheit bei: »Wißt ihr noch, als Abbas das letzte Mal umzog«, beginnt Hassan. »Er hatte eine neue und größere Wohnung gemietet, alles zusammengepackt und im Möbelwagen verstaut und fuhr jetzt darin mit. Als der Fahrer sich in den Straßenverkehr eingefädelt hatte, blickt er Abbas an: Wohin soll's gehen? Und Abbas? Abbas macht große Augen, öffnet den Mund – er weiß es nicht mehr! Er hat die Adresse seiner neuen Wohnung vergessen! Wen ruft er an? Mich natürlich! ›Hassan, wo zum Teufel wohne ich denn jetzt?‹ Ich sagte, sie sollten vorbeikommen und mich abholen, ich wußte zwar noch vage, wo diese neue Wohnung lag, aber den Straßennamen kannte ich auch nicht. Na, und da sind sie mit ihrem Möbelwagen hierhergekommen, und ich habe Abbas zu seiner neuen Wohnung gebracht ...«

Ein anderer berichtet von der Einladung in ein Pariser Café: Eine Gruppe Libanesen, einige von ihnen zu Besuch in der Stadt, andere dort lebend, sitzt zusammen, Abbas, wie üblich, erscheint »ein wenig« (allgemeines Gejohle) verspätet. Er entdeckt einen Freund, geht auf ihn zu, grüßt ihn mit einem Kuß links und rechts, dann den Nächsten, dann den Danebensitzenden, und immer so weiter ...

Die Zuhörer blicken den Erzähler an und warten auf die Pointe: »Nun ja«, sagt der, »wir Libanesen waren vielleicht sieben oder acht, aber Abbas hat fröhlich weitergemacht, er hat das ganze Café mit Küßchen begrüßt, reihum, mindestens dreißig Leute ...«

Ich erzähle die Geschichte vom ersten Berliner Abend: Aufregung, als Abbas in die Wohnung Hs geführt wird: Er war zuvor spazierengegangen und hatte sich in ein Café gesetzt. Nach einiger Zeit holte er den Mantel aus der Garderobe und brach auf, um H zu treffen. Irgendwann unterwegs fiel ihm auf, daß der Schlüssel fürs Wissenschaftskolleg nicht mehr in der Manteltasche steckte. Das war insofern ärgerlich, als dort ab acht Uhr abends niemand mehr ist und Abbas ohne Schlüssel nicht mehr ins Haus konnte. Daß aber der Schlüssel nicht in der Tasche steckte, lag nicht daran, daß er herausgefallen oder die Tasche löchrig gewesen wäre, denn plötzlich fiel es Abbas auf, daß der ganze Mantel etwas Fremdes und Seltsames hatte: In der Tat, es war gar nicht sein Mantel, den er da trug ... Aber um zu versuchen, diesen Mantel zurückzubringen und gegen den seinen einzutauschen, sofern der noch in der Garderobe des Cafés hinge, hätte Abbas sich erinnern müssen, wo genau in dieser fremden Stadt sich dieses Café befand, in dem er die Mäntel vertauscht hatte.

Als ich merke, daß die Geschichte gut ankommt, schmükke ich sie unter allgemeiner Anfeuerung immer weiter und grotesker aus. Augenzwinkernd mache ich aus dem Mantel, den Abbas hat mitgehen lassen, einen pelzverbrämten Kaschmirmantel (Oho! ruft es am Tisch) und dann, in einer weiteren Pirouette, einen pelzverbrämten, taillierten Kaschmir-Damenmantel. Man prustet, und Abbas, der es schließlich besser weiß, lacht, den Kopf in den Nacken gelegt, laut mit und widerspricht nicht.

*

**Um halb zwei** fahren wir nach Hause. Es ist auch der Moment des Abschieds von Abbas, der am folgenden Tag nach Porto Alegre fliegen wird. Er ist dort zur großen Tagung von Attac eingeladen. Im Laufe des Abends ist er etwas still geworden und zugleich nervös, die sehr lange Flugreise und die noch nicht recht geklärte Unterbringung in Brasilien stehen ihm sichtlich bevor.

Ich sitze hinten, Abbas auf seinem Lieblingsplatz im Cadillac, dem Beifahrersitz. Leslie setzt ihn vor seiner Wohnung ab. Abbas entschuldigt sich, daß er uns nicht mehr hineinbitte, er lebe ja mit Sohn, Tochter und *la bonne* zusammen. Sichtlich verlegen und einsilbig sagt er: *»La vie est un peu difficile.«* (Was meint er damit?) Auch Leslie fällt es auf, daß Abbas nie zu sich nach Hause einlädt. Sie meint, er schäme sich vielleicht für die Unordnung. Es bleibt jedenfalls eine offene Frage. Irgend etwas steckt dahinter bei einem so generösen Menschen.

Er steigt aus dem Wagen, lächelt uns zu, dreht sich um, die hochgereckte Hand ist Gruß und Abwehr zugleich, dann nur noch die in der Drehung wehenden Mantelschöße.

*

**Sie dauert keine fünf Minuten**, die Berliner Begegnung zwischen Abbas und meinem Vater. Wir halten uns nur kurz bei mir zu Hause auf, um sofort ins Restaurant aufzubrechen. Abbas ist ein wenig schüchtern, als fühle er sich nicht ganz wohl in seiner Haut beim Gedanken, hierherzukommen, während auch Familie anwesend ist. Mein Vater sitzt im Wohnzimmer auf dem Sofa. Er steht nicht auf, als wir hereinkommen. Abbas geht auf ihn zu, streckt die Hand aus, grüßt murmelnd, sichtlich gehemmt. Ich sehe die Schnurrbärte der beiden, die vom selben Hersteller zu stammen scheinen – Schnurrbärte, an deren schwarzgrauen Haaren man in nervösen Augenblicken mit der Unterlippe kauen, nagen und ziehen kann.

Ich lese in den kurzen stummen Blick meines Vaters hinein: die geistige Überlegenheit des zivilisierten Europäers über den analphabetischen Kameltreiber aus dem Orient, die moralische Überlegenheit des modernen westlichen Christenmenschen, Untertan der Demokratie und des Kapitalismus, über den fanatischen, islamistischen Kryptoterroristen und Schächter aus einer steinzeitlichen Haß- und Neidkultur, für dessen kriminelle Artgenossen wir hier aus Steuergeldern Moscheen errichten, damit ihnen das gelingt, was seinerzeit Prinz Eugen und demnächst George W. Bush seinesgleichen verwehrt haben, nämlich uns zu überrollen, schlimmer als es der Sozialismus je vermocht hätte.

Ich hätte dir, denke ich, mehr erklären müssen, damit du den Mann, dem du stillschweigend vorwirfst, der Grund dafür zu sein, daß ich mit meiner Familie demnächst in ein gefährliches, unsicheres Land aufbrechen werde, was wiederum meiner Mutter, der zunächst gar nichts davon gesagt werden durfte, Todesängste verursachte, besser einschätzen kannst.

Ich hätte dir eine Geschichte erzählen müssen, ich tue es jetzt.

Eine Geschichte aus Sur und Bint-Ibeil. Eine Geschichte von einem jungen Mann, der, obschon ältester Sohn seines Vaters, von ihm nicht das Haus erbt, der nicht die Nachfolge als Pater Familias antreten darf und der dem Ort in den kanaanitischen Hügeln auf immer den Rücken kehrt und hinab zur Küste geht, um dort als Lehrer zu arbeiten.

Dieser Mann, ein Schriftgelehrter und Religionswissenschaftler, lebt als Mitglied einer benachteiligten und verachteten, seit jeher der Politik abholden religiösen Minderheit in einem besetzten Land. Seine Leidenschaft ist die deklamatorische Schönheit der Poesie der Alten, die er in eigenen Versen bescheiden fortzusetzen trachtet, und er glaubt an Gott und seinen Propheten.

Er ist ein besonderer Charakter, lauscht man den Erzählungen seines Sohnes, ein Mann von großer Toleranz. Nie brüllt er seine Frau an oder schlägt sie oder befiehlt ihr; man lächelt schon über ihn im Ort und tuschelt über seine Männlichkeit, was ihn nicht stört. Er hat zwei Söhne, geboren am Ende eines und am Beginn neuer Kriege. Er lebt ihnen das Leben eines gläubigen, aber auch eines freien Mannes vor. Da der eine Sohn gerne Schinken ißt, darf er Schinken essen. Auf den Schinken kommt es nicht an.

Er stellt sich den mit der frisch erlangten Unabhängigkeit seines Landes aufkommenden Fragen der neuen Zeit und schwankt eine Weile, ob er seinem Gott abschwören und sich dem neuen Gott der Intellektuellen zuneigen soll, dem dialektischen Materialismus.

Dann kommt bei einem Unfall sein zweiter Sohn ums Leben, da ist der andere neun Jahre alt. Der Vater beschließt, mit seiner Frau und seinem Jungen aus dem Dorf in den Bergen, wo das Unglück geschah, zurück nach Sur zu ziehen. Er will wieder zu glauben beginnen, denn man kann vielleicht ohne Religion leben, nicht aber ohne die Möglichkeit der Religion. Als sein heranwachsender Sohn Freunde ins Haus bringt, um über den Kommunismus zu diskutieren, öffnet er ihnen seine Türen. Obwohl er als Lehrer nicht viel verdient, bezahlt er seinem Sohn das Studium. Er selbst kommt auch bei einem Unfall ums Leben.

Nun ist es nicht mehr die Geschichte des Vaters, die ich dir erzähle, sondern die des Sohnes. Der Sohn, der gerne Schinken ißt und Kommunist geworden ist, war als Kind, erzählt er, ein Träumer, der nicht viele Freunde hatte und am liebsten allein durch die Landschaft streifte. Später studiert er die großen Poeten und Philosophen seines Volks, deren schönste Werke zu einer Zeit entstanden, als es noch keine deutsche Sprache gab. Aber er studiert und liest auch deutsche Autoren; Kant und Hegel und Heidegger und natürlich den Bärtigen aus Trier, den du vielleicht gar nicht für einen Philosophen hältst, sondern für den Antichrist. Er könnte uns auch Gedichte von Goethe und Hölderlin, von Brecht und Paul Celan zitieren.

Wer Paul Celan ist? Abbas könnte dir viel von Paul Celan erzählen. Aber jetzt erzähle ich dir weiter von ihm.

Als der Bürgerkrieg in seiner Heimat ausbrach, nahm er die Waffe in die Hand, aber er benützte sie nicht, und während andere sie ausgiebig nutzten, glaubte er weiter an das Wort. Es muß schwer gewesen sein, in diesen Zeiten ans Wort zu glauben, schwerer fast noch als an einen Gott.

Auch er hat zwei Kinder, denen er, obwohl er nicht reich ist, das Studium bezahlt, denn in seinem Land ist Bildung das, was bei uns das Geld ist. Und er glaubt an Bildung wie andere an Geld. Als sein Vater starb, wurde er das nominale Oberhaupt der Familie und nahm seine Mutter zu sich. Heute ist er ein weithin anerkannter und geachteter Mann. Ob er ein glücklicher Mann ist, kann ich nicht sagen.

Das ist eigentlich schon die ganze Geschichte, die ich dir erzählen wollte. Warum ich sie erzähle? Nun vielleicht, weil ich mit einer gewissen Sehnsucht und manchen Illusionen auf diese aus Tradition und Toleranz und feste Überzeugungen, auf ein Ethos gebaute, im Buch geborgene Lebensinitiation blicke, ich, der zu Ehrgeiz, aber nicht zu einem höheren Ziel angehalten wurde, der ich nur von einem Mittel hörte, ein gelungenes Leben zu führen: Geld, und der ich mich nicht erinnern kann, daß in meiner Kindheit und Jugend mit Achtung, Zärtlichkeit und Verständnis gesprochen wurde vom Menschen, von Büchern und Idealen.

*

**Assaf möchte mir** seinen Geburtsort zeigen, seine Heimat, das Tal des Adonis. In Jounieh, wo er wohnt, führt er mich zu einem Aussichtspunkt am Meer und deutet auf den perfekten Halbkreis der Bucht und das Panorama aus Hochhäusern, dicht an dicht, bis an den nördlichen Horizont und im Süden nahtlos die zehn Kilometer bis

Beirut reichend, sich die Berghänge hinauffressend wie eine Schuppenflechte, ein weißes Ekzem. Las Vegas als Küstenstadt. Es war eine der schönsten Buchten des Mittelmeers, sagt er. Bis in die sechziger Jahre stand hier nichts, Orangenhaine und ein paar kleine Häuschen. (Nur nachts, als funkelnde Lichtsichel, ist die Bucht noch immer ein grandioser Anblick.)

Dann fahren wir hinauf in die Berge bis zu einer römischen Tempelruine, von der aus man einen schwindelerregenden Blick hinab in die enge Schlucht des Adonis werfen kann, fast tausend Meter tief. Der Fluß selbst ist von hier oben gar nicht zu sehen, der Talgrund ist nicht breiter als der schlängelnde Lauf des Gewässers, also keine zehn Meter, eine eigentliche Talsohle gibt es nicht. Auf halber Höhe des Serpentinensträßchens hinab, vorüber an Apfelbäumchen, Steineichen, Olivenbäumen, machen wir an einem seltsamen Ort Station: Foyer de Charité. Zwei gegenüberliegende moderne Gebäudereihen auf einem sehr großen Grundstück, zu dem eine Privatstraße führt. Linker Hand des Hofs ein Mehrzweckgebäude mit Büros, Küche, Kantine, rechts zum Tal hin drei aneinandergrenzende flache Giebelbauten, links der Clubraum, in der Mitte die Kirche, rechts der Vortragssaal. Assaf begrüßt einen dort arbeitenden Gärtner, einen Freund und Nachbarn aus seinem Dorf unten im Tal, einen Moslem, der sich sichtlich freut, ihn zu sehen. Eigentlich hat Assaf nur angehalten, damit ich die Aussicht in die Schlucht genießen soll, aber einmal hier, möchte ich auch in die Kirche. Eigentlich eine karge Betonkonstruktion, aber ein architektonischer Geniestreich: Die Giebelfenster hinter dem Kruzifix haben die Form eines Flügelaltars, nur daß anstatt eines Gemäldes der bewegte Himmel mit vorübertreibenden Wolken, der Sonne, dem licht- und schattengefleckten Bergrücken zu sehen ist. Wie ein animierter – nein, ein lebender Grünewald – grandios! Nein, nicht grandios, vielmehr ein Ort für eine Epiphanie, eine Konversion, ein Damaskus-Erlebnis ...

Foyer ist eine französische Gründung (wie ich später lese, ist die Bewegung ausgegangen von einer stigmatisierten, gelähmten Nonne, besser gesagt von ihrem Beichtvater), ein Laienkloster um einen Priester herum, der auf Lebenszeit der Gemeinschaft vorsteht. Es gibt rund fünfzig davon auf der Welt, viele in Afrika und Amerika, in Deutschland keines, hier ist das einzige arabische.

Der Leiter erscheint, Père Antoine, ein antonitischer Maronit mit ein wenig vollen Wangen, der weiße Kragen schneidet ins sybaritische Fett des Halses, blonder Bürstenschnitt, schwarz gekleidet, sehr gastfreundlich, serviert uns zunächst köstlichen Orangensaft, nötigt uns dann, zum Mittagessen zu bleiben.

Fünf Frauen leben ständig dort, das Foyer bietet *retraites spirituelles* und Aufenthalte, auch für Familien, aber eben auch die Möglichkeit, ganz und für immer dort zu bleiben. Sie haben pharaonische Pläne; Antoine zeigt uns ein Modell im Glaskasten: eine große Kirche, ein riesiges Kongreßzentrum, ein aus sechs Gebäuden bestehendes Altersheim. Er behauptet, sie platzten jetzt schon aus allen Nähten, hätten mehrere Tausend Besucher pro Jahr (momentan sind wir allerdings die einzigen, und es kommt auch kein anderer in den zwei Stunden, die wir dort verbringen). Er deutet den Hang hinab und zeigt uns das ganze Land, das er bereits aufgekauft hat, um all diese Bauprojekte zu realisieren. Es ist fast die halbe Bergflanke.

Momentan hat die Anlage noch angenehm menschliche Dimensionen. Wie alle Libanesen hängt Père Antoine dauernd am Handy.

Die Finanzierung des Ganzen ist allerdings etwas vage: »*La providence* – die Vorsehung«, mit schräg geneigtem Priesterkopf und naivem Lächeln. Und »*bienfaiteurs* – Wohltäter«. Die Familien geben ihr Vermögen sozusagen als Mitgift, wenn sie beschließen, in der Gemeinschaft zu leben.

Es kommen zu den Wochenendklausuren laut Antoine auch zahlreiche Moslems. Der Gärtner, ebenfalls einer, darf jedenfalls am Tisch mitessen und wird jovial behandelt in der Art eines »Freitag«. Ein kurzes, geschäftsmäßiges Gebet von Père Antoine, dann spricht er dem Rotwein und den Speisen mit höchst weltlichem Appetit zu und läßt sich von den Frauen der Gemeinschaft bedienen.

*

**Wir fahren die engen Schleifen** hinab ins Tal, an dessen Fuß eine alte steinerne Brücke den schmalen, rasch fließenden Adonis (Nahr Ibrahim) überquert; danach geht es sofort wieder aufwärts. Wildromantische Szenerie mit Müllhalden die Uferböschung hinab von den sonntags hier picknickenden Beirutern. »Wer in diesem Land Geld hat, darf alles tun, was er will. Kein Gesetz gilt«, entfährt es Assaf; ich weiß gar nicht, wovon er spricht, die Müllhalden sind nicht ärgerlich genug für seine von Herzen kommende Klage. Dann erreichen wir sein Haus, alter Familienbesitz, ein dreihundert Jahre altes Natursteingebäude auf siebentausend Quadratmeter Land, auf dem, wie er stolz berichtet, zwölf Ölbäume stehen, aus deren Früchten er eigene Seife siedet. Er erzählt, wie sein hartnäckiges Renovieren und Wiederaufbauen der Ruine während des Kriegs den Nachbarn und dem ganzen Dorf trotz vielem Spott und viel Kopfschütteln als Beispiel gedient habe. »Daß man in dieser Zeit, trotz all dem Haß und der Hoffnungslosigkeit ans Bauen und an die Zukunft denken konnte, auch an die Zukunft des Libanon, das hat vielen zu denken gegeben und manchem geholfen, der dann auch schließlich aufgehört hat, Steine in die Scheiben zu werfen, und statt dessen mit anpackte und Steine schleppte.« Dann sieht er mich ernst an und sagt: »Wenn das Land geteilt worden wäre, hätte ich es verlassen.«

Heute kommen sie, Christen wie Moslems, zu ihm, berichtet er, dem altgewordenen ehemaligen Priester, um Rat zu holen, Familien- oder Nachbarschaftsstreitigkeiten schlichten zu lassen, damit er als ein Notar honoris causa einen Immobilienverkauf beglaubigt oder eine kleine Geldsumme vorstreckt für den Flug eines Enkels oder einer Tochter nach Europa oder in die USA.

*Und weil der Unglaube wird überhandnehmen, wird die Liebe in vielen erkalten. Wer aber beharret bis ans Ende, der wird selig.*

Was fasziniert, was interessiert mich so an diesem Menschen und an dem Paar, das er mit seiner Frau bildet?

Zunächst einmal habe ich ihn bei jedem neuen Ansehen schöner gefunden. Beim Anblick mancher Gesichter, Profile eher noch, überkommt mich plötzlich und ohne, daß ich wüßte, warum, große Zärtlichkeit. Es ist immer ein Eindruck von zarter Verletzlichkeit, der dieses Gefühl in mir wachruft, von fein ziselierter, zerbrechlicher, vergänglicher

Schöpferarbeit, im Aufwurf einer Oberlippe, die in ihrer Rundheit noch einen Abglanz des Frühkindlichen erinnern läßt, in der Art, wie eine Ohrmuschel gebaut ist, in den Linien von ihr zum Kiefer und zu den Jochbeinen. Und irgend etwas in Assafs Gesicht hat von Anfang an dieses zärtliche Mitleid in mir hervorgerufen.

Dann beschäftigt mich seine Mischung aus Unvermögen und Großartigkeit. Einerseits die Naivität, Begriffsstutzigkeit, dieses geistige Schneckentempo oder besser Equipagentempo im Zeitalter der Turboautos, das ihn in jedem Gespräch zu mehreren ins Hintertreffen bringt. Zum anderen die Beharrungskraft, die Standhaftigkeit, die hartnäckige Güte, auch sie naiv, aber der Intelligenz überlegen wie Wasser dem Stein. Die Redlichkeit und Ehrlichkeit, aus der seine poetischen Versuche einen Hinterglasglanz beziehen, ein kirchenfensterartiges Leuchten, das den Literaturkritiker verstummen läßt, weil es nicht aus der Handwerksarbeit kommt, sondern von etwas dahinter, und insofern offenkundig nicht in sein Ressort fällt.

Während der Fahrt aus dem Adonistal hinaus zurück zur Küste und nach Jounieh zu Assafs Wohnung kommt mir plötzlich, über den Programmassistenten des Goethe-Instituts mit den Drüsenzartheiten nachsinnend, der merkwürdige Gedanke, ich hätte vermutlich Jesus Christus, wäre ich ihm über den Weg gelaufen, für einen Trottel gehalten und nicht ernst genommen.

Man denkt ja immer (sofern man überhaupt über so etwas nachdenkt), man hätte aufgrund des Charismas oder irgendeiner Aura sofort bemerkt, wer Er war, wäre sich der Besonderheit Seiner Person und der Tragweite Seiner Worte bewußt gewesen und hätte entsprechend gehandelt. Stelle ich mir mich jedoch als halbwegs gebildeten, intellektuellen Juden oder Römer vor, der gerne geistvolle Gespräche führt, die Ironie liebt, Zyniker ist und in der Konversation Esprit mehr schätzt als anstrengende Tiefe, wäre der naive, provinzielle, bierernste Wanderprediger höchstens ein Objekt meiner Spottlust gewesen. Unmöglich, mit ihm über die neueste Dichtung, über Theater und Politik zu klatschen; man hätte den Kopf geschüttelt über ihn und nie bemerkt, daß das Besondere sein tätiges Beispiel ist und man ihm in Taten hätte folgen müssen, um etwas verstehen zu können. Nur über den eigenen Schatten zu springen und das Unmögliche und Unvernünftige zu tun, das, was er verlangt und fordert, würde einem die Augen öffnen.

Und das wiederum heißt, seine fleischliche, leibliche Präsenz ist ganz unnötig: Sie ändert überhaupt nichts an der Herausforderung, die heute, ohne seine Gegenwart, keine größere Zumutung ist, nicht peinlicher, als sie für einen zivilisierten, urbanen Menschen bereits damals war ...

Assafs wohnen in einem dreistöckigen Gebäude am Hang, von dem aus früher die ganze Bucht zu überblicken war. Heute versperren die direkt unterhalb ihres Hauses hochgezogenen zwölfgeschossigen Türme die gesamte Aussicht; ein schmaler Winkel Meer ist noch zu erblicken, wenn man sich ganz nach links auf den Balkon stellt und sich etwas vorbeugt. Wieder eine große Wohnung. Hinter der Küche liegt ein kleines Kämmerchen, das »Winterzimmer«, das einzig beheizte, mit großem Bullerofen, in dem die beiden, erzählt Frau Assaf mir, von Dezember bis März sitzen und lesen.

Liebenswert ist das große gemeinsame Arbeitszimmer mit arabischen, deutschen, französischen Büchern in den

Regalen, schöne Literatur, viel Theologie und Philosophie, darunter fünf dicke Bände Heidegger, der mich verfolgt. Zwei Schreibtische stehen im Neunziggradwinkel zueinander, berühren einander scheu-keusch an der Flanke. Hier und da verstreut im Bücherschrank blickt das Paar mich aus Photos an.

Welcher Mythos käme als Pate für einen Roman über diese beiden in Frage? Begänne ich hier, im Büchertempel, dann ließe ich die gemeinsam altgewordenen Hüter des Geistes, Philemon und Baucis, der Sintflut des Bürgerkriegs entkommen, im Winterzimmer und im Klang des bullernden Ofens ihren Khalil Gibran übersetzen und ihre Grüße hinausschicken in die Welt: Friede den Menschen, die guten Willens sind. (Im Wohnzimmer steht noch der – künstliche – Weihnachtsbaum mit Krippe sowie ein ganzer Tisch voller Weihnachtskarten aus einem Dutzend verschiedener Länder.) Das Ende käme, da sie, einander die Hand haltend, die Götter gebeten haben, nicht einer ohne den anderen sterben zu müssen, mit ihrer Verklärung und Metamorphose; er wird zur Eiche, sie zur Linde. In diesem besonderen Falle nähme ich mir die Freiheit heraus, ihn in eine Zeder und sie in einen Lorbeerbaum zu verwandeln ...

Oder erzählte ich die Geschichte des weichen Patriarchen mit den Drüsenzartheiten noch einmal, der sieben Jahre lang im fremden Land – irgendwo zwischen der Uni Freiburg und Duisburg – um seine Rahel werben und Fronarbeit leisten mußte?

Oder würde ich mit dem Haus im Tal des Adonis beginnen und berichten, wie der Geliebte der Aphrodite auf der Straße nach Jounieh von den Syrern gemetzelt wurde? Und dann auferstand als Totengott in der Unterwelt des Goethe-Instituts?

Die Grotte, der Wasserfall, die Quelle, der Regen, die roten Anemonen, das rote Wasser, rot vom Blut des toten Gottes. Die schreienden, weinenden, sich selbst bis aufs Blut peitschenden Pilger der antiken phönizischen Zeremonie. Bei Ovid wird Adonis, der Geliebte der Aphrodite, von einem Eber angegriffen, tödlich verwundet und zerfleischt. Der Eber aber ist Ares, der eifersüchtige Gott des Kriegs. Aphrodite beweint den Leichnam des Geliebten, aus seinen Blutstropfen läßt sie die roten Anemonen wachsen. Der ältere phönizische Adonismythos gibt Astarte-Atargatis, der Fruchtbarkeitsgöttin, die Kraft, ihren toten Geliebten wieder zum Leben zu erwecken – doch nur in der Unterwelt, als deren Herr Adonis von nun an existieren muß. Im Frühjahr färbt das Quellwasser sich rot von seinem Blut und bringt dem Land Fruchtbarkeit. Jussuf Assaf, der Geopferte für Ökumene und Frieden ...

Der Adoniskult war ein Fruchtbarkeitsmythos. Die Assafs sind bewußt kinderlos geblieben. »Es ergab sich nicht«, erzählte Frau Assaf mir: die späte Heirat, die wissenschaftliche und Übersetzerarbeit, der Krieg.

*

**Als wir aus dem Adonistal** zurückkommen, verspätet natürlich wegen des Aufenthalts im Foyer de Charité, wartet unten vor der Haustür in seinem Auto sitzend schon seit einer Stunde Nasim. Zu schüchtern, hinaufzugehen und sich zu Frau Assaf zu setzen. Die beiden hatten ihn angerufen und gebeten, mich zurück nach Beirut zu chauffieren am Ende des Nachmittags. Assaf bittet ihn herein. Obwohl ein Freund der Familie, sitzt er auf der Sofakante, sehr zurückhaltend und geniert, nippt am Kaffee, pickt am Kuchen.

Auf der Rückfahrt, die unsere letzte gemeinsame Tour ist, wird er gesprächig und berichtet voller Stolz, daß er sich demnächst einen neuen Mercedes kaufen wird. Der jetzige, der 200er von 1975, hat seine Schuldigkeit getan und wird durch einen 500er von 1990 ersetzt werden. Er freut sich darauf, hat den Wagen offenbar schon in Augenschein genommen und begutachtet, er wird ihn im darwinistischen Verkehr des Libanon ungleich durchsetzungsfähiger machen. Ich deute, kurz vor der Ankunft, auf einen 500er-Mercedes dieser Baureihe und frage: »So einer, nicht wahr?« Und Nasim nickt strahlend und antwortet: »Genau. Ein wunderbares Auto. Es wird länger durchhalten als ich.«

*

**Mit Verschwörermiene**, in der Art von »zwei Strohwitwer lassen die Zügel schießen, aber nicht zu sehr«, lädt Herr Stehle mich in die berühmte Diskothek BO 18 (Petra meint, ich solle »Club« sagen, nur alte Spießer nennen einen Club immer noch eine Diskothek). Sie ist nicht etwa ein Geheimtip, selbst die *Süddeutsche Zeitung* hat schon darüber berichtet, eher wird sie langsam zum Wahrzeichen des »neuen« Beirut. Liegt an der vierspurigen Ausfallstraße nach Norden, inmitten von Lagerhallen, Möbelhäusern, Brachgrundstücken. Halb phönizisches Grab, halb unterirdische Waffenkammer, sehr durchgestylt. Von außen ist nur der flache Parkplatz zu sehen, von den Positionslichtern der Parkbuchten strukturiert, wo man von schwarzgekleideten Rausschmeißern (Totengräbern) erwartet wird.

Unseres ist das einzige Auto; die Schwarzvermummten lümmeln herum und rauchen, was die gewünschte mysteriöse Atmosphäre ein wenig ernüchtert. Stehle sagt, als er das erste Mal hier war, sei der Parkplatz vollbesetzt gewesen. Die Söhne und Töchter der Kriegsgewinnler, die *jeunesse dorée* in den BMWs und Range Rovers der Eltern oder womöglich den eigenen. Es geht eine Treppe in die Erde hinab, dort muß man durch eine Stahltür hinein (um zunächst in einen Korridor zu geraten, wo es auch zu den ernüchternd normalen Toiletten geht). Unten sind die Kellner ganz in Weiß gekleidet (Tote); heute ist aber zu wenig los, so daß die unheimliche Illusion nicht aufrechtzuerhalten ist, denn sie stehen zusammen und reden und lachen, anstatt eine ausdruckslose Miene zur Schau zu tragen und zu schweigen.

Der eigentliche Saal, an dessen Stirnwand sich die Bar befindet, ist nur mittelgroß. Die Tische haben die Form von Gräbern, mit vertikalen Grabsteinen, in die düstere Schwarzweißphotos eingelassen sind, wie auf italienischen Friedhöfen. Laut Stehle handelt es sich um die Bilder von Opfern eines Massakers, die hier in der Nähe verscharrt sein sollen. Ich sehe mir die Photos an (wir sind ja ganz alleine in dem Saal, von 23 Uhr bis 1 Uhr 20, solange wir bleiben, betritt kein einziger Mensch die Diskothek, Iskandar sagt später, unter der Woche geht es dort erst gegen drei, halb vier Uhr los) und denke: Kenne ich doch von irgendwoher, kenne ich doch ... Dann fällt der Groschen: Dies ist Billie Holiday, hier Bird, hier Coltrane, hier Miles Davis ... Soviel zu den Verscharrten ...

Die Sitzlehnen der Bänkchen sind umgeklappt und können an Eisenbügeln hochgezogen werden, als öffne man

Waffenkästen. Auf jedem der Grabtische steht ein (ewiges) Teelicht und ein Aschenbecher (Blumenväschen). Angeblich werden bei Überfüllung alle Lehnen runtergeklappt, damit auch auf den Bänken getanzt werden kann. Die Tanzfläche liegt zwischen der drei Stufen erhöhten Bar und dem Sitzbereich und ist recht klein. Beide Längswände sind mit violetten Vorhängen bedeckt wie ein ausgekleideter Sarg. Ich kann nicht anders, als nachzusehen, was dahinter ist: banale Betonmauern.

Die Flaschen stecken schräg in der Bar in Löchern wie Karabiner in einem Waffenschrank. Die Barhocker haben extrem hohe Lehnen wie die Pharaonenthrone auf manchen ägyptischen Bildern. Die Preise dagegen sind äußerst diesseitig: Ich bezahle vierzig Euro für zwei Gläser Arrak.

Dann der Clou der ganzen Anlage, den die Betreiber aus Freundlichkeit für uns in Gang setzen: Das Metalldach teilt sich entlang der Mittelachse und gleitet auf Rollen zur Seite, bis man im ganzen Raum unter freiem Sternenhimmel sitzt. Zugleich klappt der Teil des Dachs über der Bar nach oben wie der Deckel eines Flügels, und da er verspiegelt ist, sieht man die gesamte Bar einschließlich der Leute auf den Hockern doppelt. Wenn der Laden voll, heiß und dampfig ist und dann das Dach aufgeht, und man hat die Ruhe des Nachthimmels über sich und die frische Luft, das muß ein überwältigender Moment sein. Mit ein bißchen Speed im Blut gewiß eine Auferstehungserfahrung ... So hat es eher etwas von einer Vorführung in einem Autohaus. Aber trotzdem: Hut ab!

Außerdem ist die Musik (Lounge-Jazz, Acid-Jazz) gut. Ich fühle mich wohl hier (was vielleicht nicht mehr der Fall wäre, würde der Club sich füllen) und genau so, wie sich Herr Stehle unseren Ausflug vielleicht vorgestellt hat: Wie ein Familienvater, der ein klein wenig über die Stränge schlägt. (Es gibt einen Film vom Anfang der sechziger Jahre mit dem angegrauten James Stewart, der mit seiner ganzen Familie Badeferien macht, von seinem unausstehlichen Enkel »Brumm-Pa« genannt wird und ab und zu einer gefährlichen Blondine nachschaut. So in etwa kommen wir beide mir vor.)

Architektonisch erinnert mich die Diskothek in ihrer plakativen Symbolik, die aber sehr effektiv ist, an Libeskinds Jüdisches Museum in Berlin.

*

**Zuvor kurze Zwischenstation** in seiner Wohnung, die riesig ist und mit geschmackvollen, hier und da gefundenen oder geerbten Möbeln eingerichtet. Zur Toilette müssen wir leise gehen wegen der schlafenden Filipina, an deren Zimmer wir vorbeikommen. Stehle erzählt, was der offizielle und legale Weg ist, sein philippinisches Dienstmädchen zu bekommen, das in diesem Land offenbar jeder etwas wohlhabendere, größere Haushalt hat: Ein »Menschenhändler«, wie Stehle ihn nennt, besorgt es einem. Es ist nicht etwa alleinstehend im allgemeinen, sondern hat Familie und Kinder zu Hause, muß einen Knebelvertrag abschließen: drei Jahre für 150 Dollar im Monat und am Ende einen Rückflug. Kein freies Wochenende, kein Urlaub, kein einziger freier Tag in diesen drei Jahren! (Es sei denn, ihre Herrschaft gewährt ihr ab und zu einen.) Natürlich freie Kost und Logis.

Als Stehle ihm das Zimmer beschrieb, in dem das Hausmädchen logieren sollte, meinte der Menschenhändler: »Viel zu groß und sogar mit Fenster! Da könnte man ja fünf drin unterbringen.« Das erinnert mich daran, daß Leslie mir kopfschüttelnd die fensterlose Kammer zeigte, die in ihrer Wohnung von der Küche abgeht und vom Vermieter als das Zimmer für die Filipina bezeichnet wurde: Mit einem Regal für die Konservendosen, dem Staubsauger und der Waschmaschine war dieser Verschlag voll!

Wenn man sie loswerden wolle, seine Filipina, erklärt Stehle, reiche die Anschuldigung, sie hätte Tafelsilber geklaut. Niemand prüft nach, niemand stellt die Aussage eines Arbeitgebers in Frage. Die Mädchen haben keine Rechte.

*

**Rachid lädt mich** zum Mittagessen bei seiner Freundin ein, einer Jordanierin, die für die UNESCO arbeitet. Ihre Schwester, die an einer englischen Universität lehrt, ist ebenfalls zu Gast sowie ein Freund Rachids, Professor an der AUB.

Mit den beiden Frauen und diesem extrem sympathischen, weltgewandten, brillanten As'ad Khairallah, der fünfzehn Jahre lang an der Uni Freiburg lehrte, konversieren wir übers Essen, Deutschland, internationale Literatur, aber auch über Bürgerkriegserinnerungen: As'ads Familie hatte ein Hotel in den Bergen zwischen Beirut und der Bekaa, das im Laufe des Kriegs von Palästinensern, Syrern und Israelis besetzt war. Die Palästinenser hätten sich korrekt verhalten, die Syrer eher unzivilisiert, die Israelis jedoch hätten es, in der Art von Herrenmenschen (der Ausdruck kehrt bei der Beschreibung ihres Auftretens während der Besetzungszeit immer wieder), auf Erniedrigung abgesehen gehabt: »Sie sind hereingekommen, und das erste, was sie getan haben, war, in jedes Zimmer zu gehen und überall auf die Betten zu scheißen.«

Als ich Rachid zuvor auf dem Weg zu seiner Freundin darauf anspreche, warum er sie nicht mit zu Leslie genommen hat letztens, trotz deren ausdrücklicher Einladung, erklärt er mir seine Furcht davor, eine solche Beziehung quasi zu offizialisieren, indem er sie aufs gesellschaftliche Parkett hebt. Zum einen, gesteht er, handele es sich schlicht um Mißtrauen, er fürchte noch immer, sie würden ihn alle im entscheidenden Moment verlassen. Urvertrauen habe er nur zu seiner Mutter.

»Als ich mit meiner Verletzung im Krankenhaus lag, wer kam da aus den Bergen runter und wachte Tag und Nacht bei mir am Bett und schob mir die Bettpfanne unter? Das waren nicht irgendwelche Geliebten. Die waren verschwunden. Da war nur meine Mutter!«

(Ich muß an Abbas denken, der immer über Rachid spöttelt und meinte, er habe nur Angst vor Aids. »Rachid« sagte er, »hält sich vorsichtshalber an Avicenna: *Garde ton sperme, parce que c'est l'eau de vie qu'il ne faut pas perdre dans le vagin des femmes.*«)

»Es ist aber auch etwas anderes«, fährt er fort: »Die Unvereinbarkeit von Eros und Alltag und daher letztlich auch von Liebe und Eros. Die erotische Anziehung bedarf der Fremdheit und menschlicher Zurückhaltung bei gleichzeitiger sexueller Auslieferung. Kennt man den anderen Menschen erst und liebt ihn womöglich, schwindet im gleichen Maße, wie die Neugierde auf ihn als Person steigt, das Interesse an ihm als erotisches (unbekanntes) Objekt. Der Respekt vor dem hochgeschätzten Menschen kollidiert mit dem der Sexualität innewohnenden Prinzip der Schamlosigkeit.«

Ich sage, daß ein Bekannter mir einmal anvertraut habe, er treffe ab und zu ein Mädchen, für das er keine Gefühle hege und das er nicht sonderlich hochschätze, für einige Stunden von ungeheuer erregendem »geilem«, wie er sich ausdrückte, Analverkehr, nach dem es ihn regelmäßig zutiefst verlange, aber den zu praktizieren er nie und nimmer seine Frau bitten würde, denn »dafür liebe und achte ich sie viel zu sehr«.

»Einen solchen Satz nur als Ausdruck männlicher Verlogenheit und Unehrlichkeit zu sehen«, sagt Rachid, »greift aber zu kurz. Er ist vielmehr Ausdruck einer bewußten Unterscheidung zweier Felder, die nicht zusammengehören und sich auf die Gefahr des Scheiterns hin nicht überlappen dürfen: das gesellschaftliche kodierte Feld der Liebe und der Beziehung hier, das asoziale, anarchische von Eros und Sexus dort.«

»Ja«, sage ich, »erotische Anziehung ist immer Fetischismus. Sobald der ganze Mensch als Mensch (des anderen Geschlechts) und nicht mehr als (polymorph sexueller) Körper oder Auswahl von Körperteilen ins Spiel kommt, wird Liebe daraus oder eben gar nichts.«

»Die erotische Anziehung«, sagt Rachid, »die man für ein Körperteil, einen Geruch, eine Haltung oder Geste eines fremden Menschen empfindet, ist eine Art Vision oder eine Phantasie im musikalischen Sinne über ein solches Fragment eines anderen Menschen und ist insofern eine Kategorie der Kunst, nicht der Sexualität.«

Der sexuelle Akt ist stumm, denke ich, oder nur von tierischen Lauten begleitet. Aber Erotik, die ihn ermöglicht, besteht aus Wörtern und Bildern, die etwas beschwören, ohne es expressis verbis zu beschreiben (das wäre Pornographie und Langeweile). Was vor einiger Zeit in der deutschen Literaturdiskussion als »erotische Literatur«

bezeichnet wurde, nämlich die durch steile Metaphern vom Pornoverdacht sich befreiende Beschreibung von stochernden Schwänzen, stellt ihre Verfasser doppelt bloß. Der Mann bleibende Mann, nicht ahnend, daß er sich auf einem Fest der Androgynität befindet im Labyrinth der Leidenschaft, kann gar nicht anders, als die eigenen (erträumten) Praktiken mit getreuer Schilderung von Penetrationen in Endlosschleife zu rechtfertigen. Erotik ist etwas anderes. Erotik ist dieser Satz in den Memoiren Hadrians von Marguérite Yourcenar: »*Le soir, la peau écorchée se balancait à l'entrée de ma tente. En dépit des aromates qu'on y avait répandus, son odeur fauve nous hanta toute la nuit.*« – »... trieb sein Wildgeruch uns die ganze Nacht um.« Es gibt kaum ein zureichendes deutsches Wort für »*hanter*«: umtreiben, beherrschen, erfüllen, quälen ... Alles, was gesagt werden muß, ist spürbar, riechbar, fühlbar, ist *evoziert.*

»Weißt du«, sagt Rachid, »das Intimleben, das Bett, das ist in unserer arabischen Gesellschaft heute das Schlachtfeld, auf dem in Wirklichkeit der Kampf zwischen der westlichen Kultur und den Traditionen stattfindet.«

*

**Wir fahren die ehemalige** Demarkationslinie entlang bis hinunter zum Nationalmuseum, dessen Direktor während des Kriegs mehrere wertvolle Skulpturen in Beton eingießen ließ, um sie vor Plünderung und Zerstörung zu schützen.

Vor einigen Halbruinen, Schweizer-Käse-Löchern im Mauerwerk, parkt Rachid den Wagen und sagt mit einer Mischung aus Erschütterung und Zeigestolz: »Schau dir an, wie kaputt das ist, fürchterlich, nicht wahr?«

Womit er, ebenso kurios, meinen negativen Zeigestolz provoziert: »Offengestanden sind das alles Peanuts, verglichen mit dem Zustand *unserer* Städte nach dem Krieg ...«

Zurück in der Innenstadt, erzählt er, wie er direkt nach dem Krieg, als es ans Wiederaufbauen ging, überglücklich und verzaubert mit einem irgendwo gekauften Sandwich Stunden auf Bauplätzen oder in Rohbauten verbrachte und den Bauarbeitern zusah.

»Ich saß im dritten Stock auf den Gerüstbrettern, ließ die Beine baumeln, atmete den Geruch nach frischem Mörtel ein, kaute auf meinem Brot, lauschte dem Gehämmer, Gesäge und Gebohre und sah zu, wie die vermaledeiten Betonpfeiler überall aus der verbrannten Erde wuchsen. Es war ein so wunderbares Gefühl, daß wieder etwas AUFgebaut wird. Es war, wie wenn nach dem Krieg gezeugt wird und mit einem Mal überall Kindergeschrei zu hören ist ...«

*

**Ein Abschiedsabend** erträgt keine tiefschürfenden Diskussionen. Leslie entkorkt den mitgebrachten Wein, ich helfe Schuschi bei ihren Biologiehausaufgaben, Rachid knipst Erinnerungsphotos mit der Digitalkamera, Iskandar raucht. Wir fachsimpeln über Fußball.

War ich eigentlich, denke ich jetzt, mich kopfschüttelnd daran erinnernd, wie wir an diesem Abend das legendäre, den Mythos vom überlegenen, aber zum Siegen nicht gemachten französischen Fußball begründende Europacupendspiel Bayern–St. Etienne von 1976 diskutierten oder die ästhetische Schönheit der dem Gegner statt einer Grätsche ein kurzes anerkennendes Innehalten abnötigenden

Mittelfeldkombinationen der Realistas Zidane und Raul, war ich eigentlich die ganze Zeit über nie erstaunt, mit all diesen Leuten über alles reden zu können wie mit meinen ältesten Freunden? Ohne sich einander zunächst erklären zu müssen, ohne Positionen abstecken zu müssen, ohne daß plötzlich irgendwann zwischen den Worten sich ein Abgrund aufgetan hätte von Verständnislosigkeit? War ich denn nie zutiefst verwundert darüber, mich unter diesen Menschen hier keine Minute lang fremd gefühlt zu haben, im Ausland, im »Elend«? Wenn ich es aber nicht war, dann nicht etwa, weil ich mich so tief in ihre Welt eingefühlt hätte, sondern weil das Terrain, auf dem wir uns treffen konnten, die »Geistesrepublik«, die »*république des lettres*«, deren Bewohner wir alle sind, die meine ist, das heißt: die abendländische. Ob Fußball oder Heidegger, ob Hegel, Althusser oder John Ford und Fellini, ob Pynchon oder Grass, alle Libanesen, die ich kennenlernte, leben nicht nur auf dem Boden ihrer eigenen kulturellen Geschichte, sondern auch auf dem der unseren. Und nur das, nicht etwa eine beiderseitige Annäherung an eine imaginäre Mitte zwischen den Kulturen, hat unsere Begegnung ermöglicht. Ob ich mich wohl je mit Abbas oder Rachid so über Abu l'Faradsch al-Isfahanis *Buch der Lieder* werde unterhalten können wie sie sich mit mir über Hölderlin und Marx?

Wir plaudern übers Essen und Trinken und den Krieg.

»Es muß ja jetzt jeden Tag losgehen«, sagt Leslie, während sie Brot schneidet.

Rachid macht eine fatalistische Handbewegung: »*On a ici l'habitude de faire la sieste sur le dos de la tempête! Dieu sait ce que cache l'avenir.*«

Als erschiene in diesem Augenblick tatsächlich Gott, um uns die Zukunft aufzudecken, steht plötzlich As'ad in der Tür. Er hält auf der Schwelle inne, horcht ein wenig in den Raum und auf das babylonische Sprachgewirr und fragt dann: »*Quelle langue on parle ici ce soir?* Welche Sprache wird hier heute abend gesprochen?«

Wir einigen uns per Mehrheitsentscheid auf Französisch. Aber das bleibt dann natürlich doch nicht die einzige Verkehrssprache. Mit Leslies fünf und As'ads vier perfekt und fließend beherrschten Sprachen fühle ich mich ein wenig beschränkt.

Wie seinerzeit in Rom oder Amsterdam und regelmäßig in Paris finde ich mich an solchen Abenden wieder in der Situation, einen Satz in einer Sprache zu beginnen und in einer anderen fortzuführen. Hier wie auch oft beim Übersetzen bemerke ich, wie die Worte der verschiedenen Sprachen, die eigentlich das gleiche aussagen, eben doch nicht ganz dasselbe bedeuten und vor allem klanglich, phonetisch manchmal mehr, manchmal weniger auf das passen, was man eigentlich sieht oder spürt oder ausdrücken will. Wenn ich also zum Beispiel jemandem hier von meiner Ungeschicklichkeit, meiner Trampeligkeit und Schwerfälligkeit als Kind erzählen will, kommt das französische Wort *gourd* wie gerufen, dessen gutturalen Klang, aber auch dessen Benutzungsfeld in seiner eigenen Sprachheimat mir das, was ich meine, exakter und freundlicher zu übertragen scheint als jedes deutsche Wort: »Ich bin unbeholfen« unterschreibe ich nicht, »*je suis gourd*« dagegen wohl.

Desgleichen, als ich das Badezimmer im Hotel betrete und einen schwachen (angenehmen) Geruch einatme, der mir irgendwie bekannt vorkommt, den ich aber nicht exakt bestimmen kann, formt sich in meinem Kopf der Begriff: »*a faint odor*«, dessen ferne Phonetik so präzise mit meiner Impression zusammenfällt, daß ich gar nicht mehr das Bedürfnis habe, herauszufinden, welchen »*faint odor*« ich da eigentlich rieche.

Welche Sprache wird hier heute abend gesprochen? Wo so gefragt werden kann und wo mit einem Scherzwort auf diese Frage geantwortet wird, wo so wenig hergemacht wird von beachtlichen Gaben und mit so leichter Hand spirituelle Geselligkeit improvisiert wird, dort ist die kleinste Schar, zu der ich mich geselle. Auf solchem über die Kulturen und Sprachen fliegenden Teppich, auf diesem west-östlichen Divan, in dieser gastlichen Schenke, ist meine zweite, bewegliche Heimat.

*

**Abuherriras Katze hier**
Knurrt um den Herrn und schmeichelt:
Denn immer ist's ein heilig Tier,
Das der Prophet gestreichelt.

Zunächst habe ich Beirut, die Stadt ohne Parks und Grünflächen, für eine Stadt ohne Tiere gehalten. Abgesehen von einem Mops im Schoß einer stark geschminkten Frau, die ihm Patisserien ins hochgereckte Mäulchen schiebt, und einem hochmütigen Afghanen, der einen neonviolett leuchtenden Jogger mit Stirnband in gelangweiltem Trab über die Corniche begleitet, abgesehen von dem Treffpunkt der zwei Katzen an den Mülleimern in der Gasse zum Café Raouda, unten zwischen Lunapark und Bain Militaire, abgesehen von den Ratten, die man nicht sieht, scheint es hier keine Tiere zu geben.

Aber doch: Es sind mehr als zwei Katzen. Paula sieht eine dritte, Petra eine vierte. Sie sitzen und liegen, dösend, faul, mit einem Auge schlafend, mit dem anderen wachend, zwischen dem dürren Winterlaub, halb verdeckt vom Gesträuch, auf Mäuerchen, auf Wellblechdächern, eine in der Mülltonne, die meisten, wie es auf französisch heißt, *perché*, irgendwo oben, wo sie unangreifbar sind und Überblick haben, vor allem darüber, was an frischen Abfällen in die Mülleimer geladen wird. Es sind bestimmt zehn oder zwölf.

Von diesem Moment an entdecke ich, als hätte meine Sehschärfe sich erst mühsam auf sie einstellen müssen, jeden Tag neue und immer mehr von ihnen.

Zwischen den hohen Gräsern an der Landzunge von Raouché, in zugewucherten Brachgrundstücken, neben der Kasse von Lebensmittellädchen, auf Balkonen, in den schmutzigen Hinterhöfen der Hamra, in den staubigen Gärten der ehemaligen Herrenhäuser im Schatten der Hoteltürme, in den Einschußlöchern der Ruinen der Rue de Damas, unter parkenden Autos, in Hotellobbys, zwischen Bauschutt und Müll, auf Begrenzungsmäuerchen und Simsen, am Strand auf vorstehenden Felsen wie kleine Kopien des Löwen von St. Markus.

Vorsichtig und mißtrauisch, verklebt, verschmutzt, staubgrau, mausgrau, granit-, schiefer-, perlgrau, sehnig, dürr, knochig, schmallendig, schmächtig, ohne Hoffnungen und Illusionen, ohne Trauer, jenseits von gängigen Moralbegriffen, hartnäckig, hochmütig, frei.

Schleichend, schlendernd, stolzierend, trippelnd, schwankend, trabend, sitzend, liegend, eingerollt, alle viere von sich gestreckt, hockend, lauernd, angespannt, entspannt, mit geschlossenen Augen wachend, mit offenen schlafend, mit hängenden, aufgestellten, gespitzten, angelegten Ohren.

Sie tragen Tarnfarbe, Stadtguerilla, ohne festes Lager, ohne Loyalitäten und Solidaritäten, ihrer Familie, ihrem warmen Nest, ihren Freunden haben sie abgeschworen. Einzelkämpfer, Einzelgenießer, rasch Liebende, still Sterbende.

Nach zwei Wochen kann ich nicht mehr ausgehen, ohne eine Katze zu sehen. Ich brauche nur meinen Blick in eine bestimmte Richtung zu fokussieren, schon entdecke ich sie: in grauen Stahl gegossene Skulpturen der Ruhe vor dem tödlichen Sprung, die mit hypnotisch starrem Blick und flach an den Boden gedrücktem Bauch im Park von Sanayeh die herumhüpfenden Tauben zu bannen suchen.

In der Rue Sadat vor einem höhlenartigen Haushaltswarengeschäft sitzt, ihrer selbst und ihrer Wichtigkeit von der Schwanzspitze bis in die Schnurrbarthaare bewußt, eine schwarze Nofretete in einem backsteinroten Plastikblumentopf und läßt sich huldvoll bewundern.

Streuner, Flaneure und Jäger auf den Baustellen zwischen Rue Weygand und Rue Chaouqi im Nachmittagsschatten des Holiday Inn. Großbürgerliche Graue und Schwarzweiße mit seidigem Fell beim Kaffeekranz in einem Garten der Rue Sursock. Bettelprinzessinnen langgestreckt und mit erhobenem Haupt wie Sphinxen auf der Treppe von der Rue Gouraud den Berg nach Ashrafieh hinauf; eine Weiße, die gleichmütig und bewegungslos und mit geschlossenen Augen wie eine Fayencefigur zwischen der Fensterscheibe und den Stores des Hotel Commodore hockt und deren Anblick mich im Nacken und den Kniekehlen müde macht.

Ich sehe sie mager und hager an den Zapfsäulen einer Tankstelle vorüberschnüren, ich sehe eine Bande von drei Schmutzig-Räudigen auf der Motorhaube einer amerikanischen Limousine Kriegsrat halten, auf dem bewachten Parkplatz in Koreitem oben, wo Rachid seinen Pajero stehen hat. Fatalistisch wie ein jüdischer Hausierer trippelt eine Graugesprenkelte die Rue de l'Indépendance entlang. Fluchtbereit, angriffslustig lauern zwei große Kater im offenen Innenhof eines Fischrestaurants an der Corniche auf den Küchenjungen. Ein paar Häuser weiter bewacht eine dünne Graue voller Besitzerstolz den Eingang zu einer Möbeltischlerei und springt leichtfüßig zur Seite, als ihr Herr, schwer bepackt mit einer Kommode auf dem Weg vom Lieferwagen zum Lager, nach ihr tritt, um sie aus dem Weg zu schaffen. Den Schwanz hochgestellt, folgt sie ihm schnurrend ins leim- und holzduftende Innere, paradox, unverständlich, bewundernswert wie eine Ehefrau, die ihrem prügelnden Mann die Treue hält und nichts auf ihn kommen läßt, wenn Fremde sie bedauern wollen.

Zwei streetweise, sehnige Kater am Ende der Rue Bliss vorm Goethe-Institut tanzen Ballett mit dem schwarzen Hausmeister der vierzehnstöckigen Nobelresidenz gegenüber, der in mehreren Gängen den Müllcontainer auf der anderen Straßenseite füllt. Er kommt und verscheucht sie; sie springen, schlendern, stolzieren aus seiner Reichweite. Mit jedem Schritt, den er sich nach dem Ausleeren seiner Müllsäcke entfernt, nähern sie sich erneut. Sobald er auf der anderen Straßenseite ist, federn sie zurück, hinauf auf den Containerrand.

Im terrassenförmig abfallenden Park der AUB, dem Paradies Beiruter Katzen, jagen Adam und Lilith, zwei muskulöse Getigerte, einander um eine Magnolie. Welterfahrene Rotbärte dösen im Geplätscher der Bewässerungsschläuche unter der Buchsbaumhecke. Im Morgengrauen flüchten zwei rettungslos verfilzte, staubgraue Asoziale wie die traurigen Helden von De Sicas Fahraddieben durchs körnige Weißgrau des anbrechenden städtischen Tages. Durch die Vorgärten der Siedlungen in Ramlet Al-Baida, zwischen UNESCO und Küste bewegen sich im Gänsemarsch mit rollenden Schultern vier Kater auf der Suche nach Eßbarem, argwöhnisch, tagbewußt, im reinen mit sich und der Stunde.

Die Katzen von Beirut: was Hemingway in einem anderen Land, zu einer anderen Zeit über den Menschen sagte, gilt für sie: Sie können zerstört werden, aber nicht besiegt. Sie kommen von hier. Sie waren vor uns da. Sie werden unsereinen überdauern; das stimmt den Misanthropen in mir zuversichtlich.

Auf dem Rückweg vom Café Raouda durch die schmale Gasse, die rechts von der vier Meter hohen Mauer des Lunaparks, links zunächst vom abschüssigen, schlagbaumgesperrten Eingang zum Bain Militaire, danach von dem strauchüberwucherten Begrenzungsmäuerchen des vorderen Cafés eingefaßt wird, entdeckt Paula, dort wo zwischen den drei Mülltonnen am Straßenrand und dem Garten der Wirtschaft ein ständiger Wildwechsel stattfindet, eine kleine gelblichweiße Katze mit milchkaffeebraunen Flekken, die stehengeblieben ist und sich nach uns umschaut. Ihr linkes Auge ist entzündet und eitert. Paula deutet auf die Katze und ruft mit der besorgt-beunruhigten Stimme, die sie immer annimmt, wenn sie irgend etwas sieht, das auf widrige Weise nicht in ihre Ordnung der Welt paßt: »Papa, guck mal, die Katze weint ja.«

Ich nicke, wie üblich von Mitleid mit der Kreatur und Abscheu vor der Erbarmungslosigkeit der Existenz sentimental überwältigt.

»Warum weint die, Papa?«

»Vielleicht ist sie traurig«, antworte ich, im dümmlichen Bedürfnis des Erwachsenen, Kindern die Tierwelt zu anthropomorphieren, und merke zu spät, daß ich die einzige Chance verpaßt habe, das Thema durch die korrekte Antwort am Auswuchern zu hindern. Paula bleibt stehen, die Katze hat sich nicht gerührt. Die beiden sehen sich an.

»Aber warum ist die traurig?«

Ich überlege mir, ob ich antworten soll, vielleicht hat sie ein Aua-Auge, um so doch noch auf den wahren Grund der Eitertränen zu kommen. Aber letztendlich will ich gar nicht von der Krankheit der Katze reden, will nicht daran denken oder es sagen müssen, daß diese Entzündung das Tier vielleicht erblinden läßt, vielleicht sterben, vielleicht Schmerzen leiden, und will nicht denken, noch sagen, daß niemand etwas dagegen unternehmen wird. Niemand wird sich um sie kümmern, ihr helfen, sie heilen. Wie soll ich das meiner dreijährigen Tochter klarmachen, auch wenn es sich »nur« um eine Katze handelt? Und mit dem blöden Argument, daß für diese eine, mit der wir Blicke getauscht haben und die eingehen wird, Tausende andere leben werden, daß die Gattung unsterblich ist, will ich sie nicht trösten, denn das ist auch für mich weder Argument noch Trost.

»Aber warum ist die Katze traurig?«

»Na ja, was weiß ich, vielleicht hat sie sich mit den anderen Katzen gestritten oder ihr Papa hat sie ausgeschimpft ...«

»Aber die *weint* ja!«

»Na ja, schau, das kommt doch mal vor, daß man weint, weil man traurig ist oder etwas nicht bekommt oder sich weh getan hat. Vielleicht wollte sie ja mit den anderen Katzen spielen, und die haben sie weggejagt und ihr gesagt: Nein, heute spielst du nicht mit uns, na, und jetzt sucht sie sich eben andere Spielgefährten und ist ein bißchen traurig.«

Paula starrt auf das zugeschwollene, tränende Auge der Katze. »Aber die *soll* nicht traurig sein!«

Mit einem Mal denke ich, daß der ganze Grund für mein Schriftstellern in diesem Wort liegt, das Kinder trotzig der Realität entgegenschleudern: Aber das *soll* nicht so sein! Ja, um genau das gleiche umständlicher, weitschweifiger, kunstvoller zu sagen, schreibe ich: Es *soll* aber nicht so sein ...

Wir sind fast oben auf der Corniche, und dort, wo die Gasse in die vierspurige Promenade mündet, steht wie immer ein altes Mercedes-Taxi und wartet auf Kundschaft.

»Nein, das soll sie auch nicht ... Guck mal, da vorne steht ein Taxi. Jetzt fahren wir zu Abbas!« versuche ich mich zu retten.

»Ja! Taxiii!« ruft Paula begeistert. Sie liebt das Taxifahren in Beirut, weil es keine Kindersitze gibt, sie sich auf der Rückbank nicht anschnallen muß und das Fenster runterkurbeln kann.

Kaum fahren wir jedoch: »Papa, weint die Katze immer noch?«

»Nein, die hat bestimmt aufgehört zu weinen.«

»Warum? Ist sie nicht mehr traurig?«

»Nein, ich glaube, jetzt ist sie nicht mehr traurig.«

»Warum ist sie jetzt nicht mehr traurig, die Katze?«

»Katzen bleiben nie lange traurig. Es hat einfach keinen Sinn, lang traurig zu bleiben. Niemand hat etwas davon.«

Ich weiß nicht, warum, aber der Anblick einer Katze (und dieser weinenden ganz besonders) vergegenwärtigt mir jedesmal mit mehr oder weniger Wucht die Schuld, die ich mir im Laufe meines Lebens aufgeladen habe. Schuldig durch Herzensträgheit, durch Rachsucht, durch Feigheit, durch Eitelkeit, durch Lebensangst, durch Lüge.

Doch, ich weiß, warum: Es ist die Würde der Tiere, die Würde, mit der sie Schmerzen ertragen und sich zum Sterben anschicken. Eine Würde jenseits aller Heilshoffnung. Eine Würde, die ich nicht besitze, von der ich nicht weiß, ob ich sie je erlangen kann.

Aber wie sagte vor einiger Zeit ein Freund über meine Gewissensbisse: »Schuldgefühle empfindest du? Davon hat niemand etwas, außer dir selbst.«

Niemand hat etwas davon, Paula. Und Katzen sind kluge Tiere.